「取り付け」の研究

平成金融危機から中央銀行デジタル通貨時代まで

Nishihata Kazuya
西畑一哉

勁草書房

はじめに

本書では，経営が悪化した金融機関≒銀行において時々発生する「取り付け」について，さまざまなケースを取り上げて，取り付けに至る経緯から原因を探るとともに，「取り付け」に関する法則性を検討し，ひいては「取り付け」に対する抑制策について検討する．

「預金取り付け」との標題を用いなかったのは，リーマンショックの際に見られたような，より流動性の高い資産への急速なシフト，すなわち“Dash For Cash”と呼ばれる現象や，今後中央銀行デジタル通貨が発行された世界において想定しうる「取り付け」すなわち“Digital Bank Run”も検討の対象とするためである．

第1章では，銀行のバランスシートの特殊性から取り付けが発生する要因を探るとともに，預金と貸出の法的特性を踏まえて，原初的な取り付けの抑止策をまず提言してみることとする．

第2章では，昭和初期の昭和金融恐慌をつぶさに振り返り，1927年4月の取り付けにおいて，日本銀行が一時的にせよ銀行券の払底を招き，発券銀行としての役割が麻痺しかかったことを指摘する．また，預金保険制度のない世界での合理的な預金者行動について述べる．

第3章では，平成金融危機の「魔の11月12月」と呼ばれた1997年11月12月に，当時預金保険の全額保護が法定されていたにもかかわらず，システミックな取り付けが発生した原因について，探っていく．すなわち，北海道拓殖銀行や山一證券といった巨大金融機関の破綻のインパクトについて，ネットワーク理論を用いた仮説を提示するとともに，マスメディアからの情報により預金者行動が閾値を超えることの影響について，銀行券発行残高の日次データを使って分析する．

第4章では，リーマンショック時に観察された，より流動性の高い資産への急速なシフト，すなわち“Dash For Cash”と呼ばれる現象について，分析を試みる．また，リーマンショック時に指摘された，金融監督当局の監督・検査能力の限界を指摘するとともに，対応案を探る．

第5章では，豊川信金，佐賀銀行，木津信用組合，英国ノーザン・ロック銀行，米国インディマック銀行の取り付けの経緯と要因について，さまざまな資料を基に，詳細に記述する．加えて，取り付けの分類を試みることとする．

第6章では，まず，通貨の本質論から通貨の条件を考察する．さらに，過去からの通貨の変遷には，製紙技術や印刷技術など，その時代その時代の技術革新が，深く影響していることを明らかにする．

次に，中央銀行紙幣の代替として，スウェーデン・中国・ケニアで広範に使用されている決済手段について，その実態を述べる．

さらに，ブロックチェーンおよびリブラについてその可能性と中央銀行デジタル通貨発行に与えた影響について，考察する．

中央銀行デジタル通貨について，そのメリットとデメリットを分析し，中央銀行デジタル通貨に関する特許問題について，問題点を指摘する．

中央銀行デジタル通貨について，先行する中国デジタル人民元の実験の模様および，日本銀行の現段階でのデジタル円の実験について記述する．

最後に，中央銀行デジタル通貨が広範に流通している世界において，取り付け＝“Digital Bank Run”がどのような形で生じるかを想定し，中央銀行デジタル通貨が流通している世界においても，結局のところ，預金口座からの払い出し制限が必要だという結論を導き出す．その際，イタリアにおいては，現時点でも，事実上1人1日当たり1,000ユーロの預金引き出ししか認められていない事実を援用する．

補論においては，平成金融危機において，プルーデンス政策としてもっとも有効であったと考えられる「公的資金注入」政策について，金融機関経営者への責任追及の動きとの連関について，検討し，当時の責任追及が「公的資金注入」のための前提条件として考えられていたことを，明らかにしたい．今後のTlac規制の運用を考えると，ベイルインのみならず，ベイルアウト（公的資金注入）を使用せざるをえない場合，金融機関経営者への「事前の」責任追及設定が有効ではないかとの試論を提示する．

2022年3月

西畑一哉

「取り付け」の研究

平成金融危機から中央銀行デジタル通貨時代まで

目　次

「取り付け」の研究

平成金融危機から中央銀行デジタル通貨時代まで

第1章　銀行の特性

1. 銀行の誕生

銀行は長い歴史をもっているが，現在の形態に近い銀行はルネサンス初期に北イタリアのフィレンツェやシエナで誕生したといわれる．当時，北イタリア諸都市とフランドル地方やハンザ同盟諸都市との交易の決済手段として為替業務を始めたのが銀行誕生の契機となった．為替業務を円滑に回していくために，銀行の拠点ごとに資金を預かる業務＝預金業務が始まり，集まった預金を有効利用するため，貸出業務が行われるようになった（橋本 2009）．

ルネサンス期のフィレンツェにおいて芸術家のパトロンとして有名であったメディチ家が創立したメディチ銀行（1435 ～ 1494 年）はその代表的なものである．メディチ銀行は，ローマ教皇のメインバンクとして機能したほか，拠点毎に複式簿記を駆使した緻密な会計を用いて，巨大な組織を効率的に管理していた（橋本 2013）．

現存する最古の銀行は，現在シエナに本店を置くモンテ・デイ・パスキ・ディ・シエナ銀行（Banca Monte dei Paschi di Siena，以下モンテパスキ銀行と記載）で，1472 年に創設されている（この銀行については，公的資金注入の項で詳しく取り上げる）．

なお，銀行の英名Bankはイタリア語のBancoが由来で，元々ルネサンス期イタリアで両替事務の際に用いていた長机（Banco）からきたものである．

2. 銀行の特性――銀行のバランスシートの特殊性

銀行（≒預金取扱金融機関）は，長く金融システム全体の中核的な役割を演じてきたが，破綻する際の特性（取り付けの発生等）は，銀行の黎明期から意識されてきた．古典的な銀行のモデルをもとに銀行の特性を確認しておきたい．

銀行は国から公的資金注入等の措置を受けることもあるなど，他産業に比べ特別扱いされることがある．これは，「銀行の業務に公共性があるため」とも考えることもできるが，むしろ銀行は破綻に際して預金や市場を通しての悪影響が大きいうえ，負の公共性・負の外部経済効果も大きいため（破綻の際に市場を通さず社会に与える悪影響も大きいため）と考えるべきである．

図1-1「銀行のバランスシートの特殊性」に示したように，銀行は一般企業に比べ負債サイドに預金という特殊な債務を大量に保有している．数多くの預金者から集めた預金をまとめて融資や有価証券投資に回し，その利鞘で収益を得て経営している．ただ，預金者の銀行に対する信任が失われると，預金の急速な払い出しが発生，資金繰りが悪化して金融機関が破綻することがある．この現象を「（預金）取り付け」“bank run”と呼ぶ．一方で，資産サイドの融資はすぐには回収できない．1997・1998年の平成金融危機ピーク時には銀行の「貸し剥がし」が問題になったが，そうした時期でも融資の回収には早くても1か月以上要するといわれた．資産サイドには「粘性」があり，負債サイドには「粘性」がほとんどない，という金融機関のバランスシートの特殊性が流動性不足で急速に破綻するという銀行の特性につながっている．

図 1-1 銀行のバランスシートの特殊性

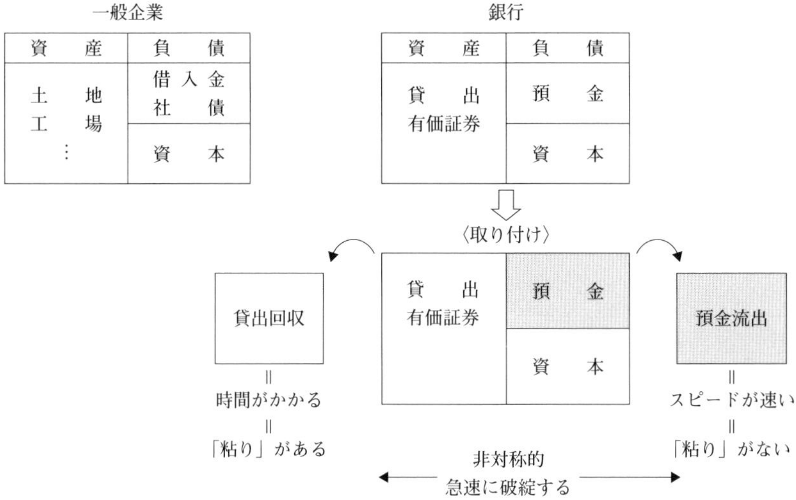

（出所） 筆者作成.

3. 法的な面から見た貸出と預金の非対称性

貸出の回収に時間がかかる一方，預金の流出が急速だということの背景には，貸出と預金の法的な非対称性が存在する．

(1) 預金の法的特性

預金は，契約類型としては「金銭消費寄託」に属する．預金者と銀行の関係は，銀行の取引規定に具体化されている（銀行取引約定書雛形は 2000 年に廃止されている）．基本的に預金引き出しを決めるのは，預金者サイドで，しかも店頭取引の場合，引き出し制限はない．つまり，預金者は銀行の営業店に足を運べば，営業時間内である限り，いつでも全額預金を引き出すことができる．

一方，ATM 経由の場合は別で，1 日当たり預金者が引き出すことができる金額に制限（50万円程度）がかかっている．

預金は，日本においては店頭では一気に全額を引き落とすことができる．預金者からは「いつでも返してもらえるもの」であり，預金（預金者）にとってはとても現金に近いもの（預金通貨）として認識されている（岩村 2016）．

ただ，預金はとても不安定な債務である．預金が預金通貨として認識されることが，信用創造のメカニズムの出発点なのだが，信用不安等によって預金が急速に流出すると，信用創造のサイクルが逆転する．「取り付けとは預金を使った信用創造のサイクルが一気に逆転する現象」（岩村 2016）である．

表 1-1　横浜銀行の普通預金取引規定……引き出し制限がない

5.（預金の払い戻し）

(1) この預金を払い戻すときは，当行所定の払戻請求書に届け出の印章により記名押印して，通帳とともに提出してください．

(2) 前項の払い戻しの手続きに加え，当該預金の払い戻しを受けることについて正当な権限を有することを確認するため，本人確認書類の提示等の手続きを求めることがあります．この場合，当行が必要と認めるときは，この確認ができるまでは払い戻しを行いません．

(3) この預金口座から各種料金等の自動支払いをするときは，あらかじめ当行所定の手続きをしてください．

(4) 同日に数件の支払いをする場合にその総額が預金残高をこえるときは，そのいずれを支払うかは当行の任意とします．

（出所）　横浜銀行ホームページ．

表 1-2　横浜銀行バンクカード会員規定……引き出し制限がある

第6条（預金の預け入れ，払い戻しおよび振込機による振込）

2．カードにより利用口座から預金の払い戻しをするときは，つぎによるものとします．

(3) 1日あたりの預金の払い戻しができる限度額（以下「カード利用限度額」といいます．）は，当行所定の金額の範囲内とします．なお，書面その他の当行所定の方法により，1日あたりのカード利用限度額について変更の申し出があり当行がその申し出を承認した場合は，その申し出の金額の範囲内とします．ただし，この場合も現金支払提携先の支払機使用の場合は，当行所定の金額を上限とします．

（出所）　横浜銀行ホームページ．

(2) ATMを通じた預金引き出しの制限

MICS（全国キャッシュサービス，Multi Integrated Cash Service）は，民間金融機関の各業態別オンライン提携ネットワークを，中継センターを介して接続するATMネットワークである．1990年2月にBANCSを利用する都市銀行13行（当時）と，ACSを利用する全国地方銀行協会加盟行64行（当時）が接続し，以後業態別に接続を拡大し，現在9業態で相互のATMオンライン提携業務を行っている．

ATMを使用しての預金引き出しには制限がある．ATM使用1回当たりの制限ではなく，「1人1日当たり50万円以下」などという制限になっている．この1日当たりの制限は，かつては設定されていなかった．実は1990年代に筆者が都市銀行懇談会に働きかけて制限を設定してもらった経緯がある．1990年代，筆者は日本銀行信用機構局決済システム課に勤務していたが，東洋信金などの破綻で取り付けが発生した際，他金融機関のATMから大量の現金が引き出されることが問題となっていた．いわばATMネットワークを通じた取り付けが発生したのである．都市銀行懇談会のメンバーも本行サイドの趣旨を薄々気がついていたようだが，表向きは「個々のATMに搭載する現金量を減らせる」として，実践してもらった．

ATMを通じた取り付けを防止するためには，1回当たりの引き落とし額で

図1-2　ATMによる預金引き落とし

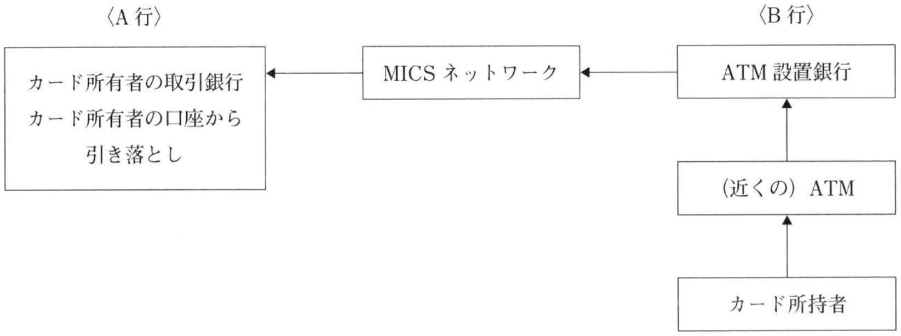

（注）　A行とB行の間の資金決済は全銀システムと日本銀行当座預金で行われる．
（出所）　筆者作成．

はなく１日当たりの引き落とし額に制限を加える必要がある．図 1-2 にあるように，この制限は MICS のネットワーク内でセットされているわけではなく，カード所持者の預金口座があるＡ銀行の預金システムにセットされている．Ａ銀行の預金システムで１日合計の引き出し額を計算して制限しているのである．Ａ銀行の預金システムに ATM 経由で引き出す際の金額制限がかかっているのだが，システム的には預金口座全体に１日合計の引き出しの制限をかけることも十分可能である．

(3) 貸出の法的特性

貸出は，契約類型としては「金銭消費貸借」に属する．貸出先と銀行との関係は，貸出規定に記載されているが，基本的に返還時期を決めるのは，貸出先の方となっている．

一般的な貸出規定には，貸出先が「期限の利益」を持つことと，一定の条件があれば，この「貸出先」が持っている「期限の利益」が消失する旨が記載されている．「期限の利益」が消失する事由としては，貸出先の廃業，破産，手形交換所での銀行取引停止処分（当然消失自由）のほか，銀行からの請求も条件として，延滞，預金の差押などがある（請求消失事由）．逆に言えば，消失事由が発生しない限り，貸出先の権利である「期限の利益」は消えない．つまり，「期限の利益」がある限り，契約で定めた返済方法と違うタイミングで返済を行う必要はないのである．これが，法的側面からみて，貸出回収に日時を要する理由である．

4. 破綻の波及――システミック・リスクの顕現化

システミック・リスクとは，個別の金融機関の支払不能等が，他の金融機関，他の市場，または金融システム全体に波及するリスクのことをいう．

金融システムにおいては，個々の金融機関等が，各種取引や決済ネットワークにおける資金決済を通じて相互に網の目のように結ばれているため，一箇所

図 1-3　システミック・リスクの一例

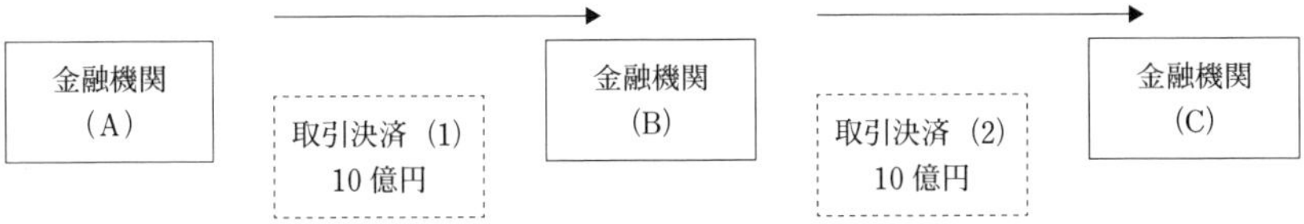

（出所）日本銀行 HP をもとに筆者作成.

で起きた支払不能等の影響が，決済システムや市場を通じて，またたく間にドミノ倒しのように波及していく危険性がある（図 1-3）.

ステップ 1：（A）が資金を調達できなくなり，（B）との取引の決済代金 10 億円を支払えなくなる（取引決済（1）が不履行）.

ステップ 2：（B）は（A）から支払われる予定の 10 億円を（C）への支払いに充てる予定であったが，取引決済（1）が不履行となったため，（C）への支払いが行えなくなる（取引決済（2）が不履行）……これが他の金融機関も巻き込んで，延々と続いていく.

この破綻の波及は速やかに伝播し，実体経済にも大きな悪影響を与えてきた．銀行は，北部イタリアでルネサンス期に誕生したが，その黎明期から取り付け，システミック・リスクの顕現化が記録されている[1].

リーマンショック時には「市場型」のシステミック・リスクが顕現化した．危機が拡大した要因には，米国のレポ市場の制度的欠陥（クリアリングバンクによる無理な信用供与）もあったが，危機のピーク時に観察された事象は，いわば「市場での取り付け」の発生であり，市場における資金が枯渇し，市場参加の金」へのニーズが沸騰した．リーマンショック時の事象も，古典的な金融危機発生と底流部分で共通しているところがあるといえる[2].

1）Kindleberger（2011）によれば，1618 年から 2010 年代まで 47 回の金融危機が生じており，「金融危機は何度も蘇る多年草（A Hardy Perennial）」との記載（第 4 版による）がある.

2）クリアリングバンク（clearing bank）は米国においては主にレポ市場における信用供与，担保の受渡・管理，資金決済等の業務を行う．ニューヨーク銀行，JP モルガンが代表格.

5. 金融危機に対処するための「発明」——「中央銀行」と「預金保険」

システミック・リスクの波及を遮断するためには「自身が破綻せず制限なく融資できる存在」があればよい．前掲図1-3において，A銀行のデフォルト分を外部から融資によって穴埋めする存在があれば，B銀行以下へのリスクの伝播は止めることができる．中央銀行は，イングランド銀行の歴史に見られるように，当初は国債管理や戦時の財政ファイナンス等が主業務だったが，銀行券の独占的発行機能[3)]の獲得や政府の各種保証等を契機に，事実上破綻しない存在であることが徐々に意識され，その後，最後の貸手（ラストリゾート）としての中央銀行融資によるシステミックの遮断が実行されるようになった（春井 2013）（図1-4）．

無論，中央銀行による融資にはさまざまな制限や弊害があり，特に無担保融資については仮にロスが発生すれば最終的には国民負担増となるが，システミック・リスクの拡大を一時的にせよ沈静化させる機能は，やはり有用である．

預金保険は，金融機関の預金にあらかじめ保険を付し，破綻後に保険金を払うことによって，金融機関破綻に伴う預金者の損害を縮小し，ひいては「取り付け」の鎮静化を図ろうとする制度である（付保預金額内の預金者は取り付けに参加しないことが期待される）．

中央銀行設立が遅れた米国（FRS【連邦準備制度】[4)]は1913年設立）では，金融機関破綻の被害を減少させる手段として預金保険制度が19世紀初頭から州毎に設立されており，大恐慌時の1934年には全国規模のFDIC（連邦預金保険公社）[5)]が創設された．

---

3) 1844年のピール条例（イングランド銀行にイングランドとウェールズの銀行券発行の独占を認めた条例）．

4) FRS：Federal Reserve System．米国の中央銀行システム．連邦準備制度理事会，連邦公開市場委員会，12の連邦準備銀行から構成される．

5) FDIC：Federal Deposit Insurance Corporation．預金を保護するための預金保険業務を行う米国の公社．

図 1-4　中央銀行・預金保険の系譜

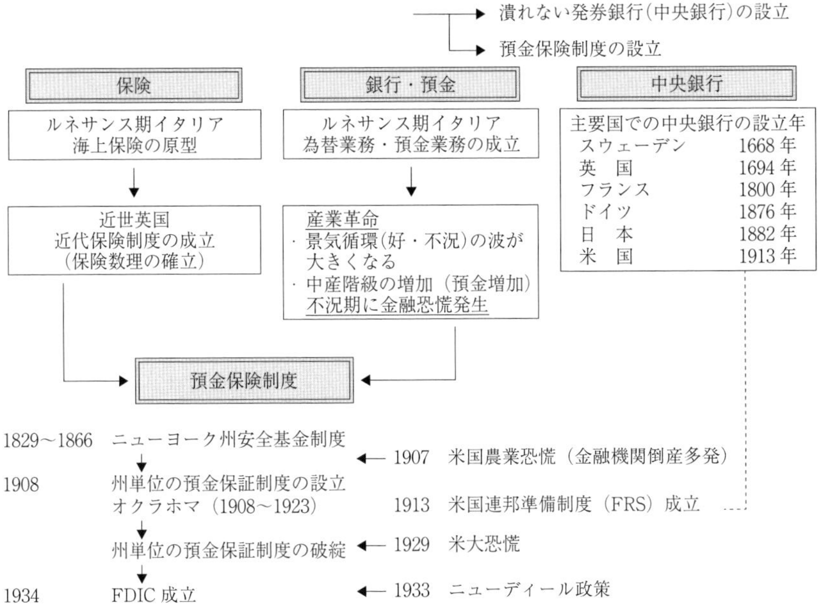

（出所） 筆者作成.

金融機関は，たとえは良くないかもしれないが，「手順を踏んで丁寧な葬式を出さないと周囲に大きな迷惑を与える」存在であり，そのためにも，金融機関には一般企業に比べ厳格な経営ルールの制定と当局による監督・検査が必要なのだといえるだろう.

Box 1　中央銀行と通貨発行と国民国家

1990 年代初ソビエト連邦が崩壊し中央アジアに独立国家が数多く誕生した．カザフスタン，ウズベキスタン，キルギスタン（現在はキルギス）といった国々である．IMF と世界銀行は自由主義経済圏への誘導を狙って，こうした中央アジアの国々にさまざまな援助を行った．そのような状況下で日本銀行も大蔵省（当時）と協力して IMF の TA（Technical Assistance，科学技術援助）に参画した．日本の担当はキルギスタンであった．隣国のカザフスタンなどと異なり，人口も少なく天然資源にも乏しい国だったが，キルギスタンのスタッフからは新国家建設に向ける熱い思いが伝わってきたのを覚えている．国内の資金決済制度の構築に先行してキルギスタン政府がまず目指したのは，中央銀行の設立と独自通貨の発行だった．独立の証としてキルギスは独自通貨と独自紙幣を求めたのである．

中央銀行の歴史を振り返ってみると，欧州の国民国家の設立（イタリア王国 1861 年，ドイツ帝国 1871 年）と中央銀行の設立（イタリア中央銀行 1893 年，ドイツライヒスバンク 1875 年）は密接な関係にある．日本も 1868 年の明治維新を経て国民国家建設に邁進し，1883 年に日本銀行を設立している．中央銀行の設立と独自通貨の発行と国民国家建設は，相互に結び付いた強固な三角形を形成しているのである．

主な中央銀行の設立年

1668 年	リスクバンク（スウェーデン）設立
1694 年	イングランド銀行設立
1800 年	フランス銀行設立
1844 年	ピール条例（イングランド銀行にイングランド，ウェールズの銀行券発行の独占を認める）
1850 年	ベルギー国立銀行設立
1861 年	イタリア王国成立
1868 年	日本，明治維新
1871 年	ドイツ帝国成立
1875 年	ライヒスバンク（ドイツ）設立
1883 年	日本銀行設立

1893 年	イタリア中央銀行設立
1913 年	連邦準備制度（米国）設立
1948 年	ドイツ連邦銀行設立
1948 年	中国人民銀行設立
1998 年	欧州中央銀行設立

第2章　昭和金融恐慌時の取り付け

昭和金融恐慌時（1927（昭和2）年）においては，金融機関の破綻に伴う取り付け騒ぎが各地で頻発した．当時は現在のような預金保険制度がなく，いうなれば預金を引き出す場合の預金者は「早いもの勝ち」であり，昭和金融恐慌時の預金者の取り付けに至る行動はある意味合理的なものであったといえる（日本銀行『日本金融史資料昭和編』第24巻～26巻）．

1．昭和金融恐慌の経緯

(1) 1927年3月の金融恐慌の発端

昭和金融恐慌は，1927（昭和2）年3月14日に当時の片岡直温大蔵大臣の「失言」により始まったとされる．3月14日の衆議院予算委員会において，片岡蔵相は，東京渡辺銀行が正午頃破綻した旨と，預金が3700万円ほどあるので預金者の救済を進めたいとの発言を行った．実際には東京渡辺銀行は，資金繰りに苦しみながらも，午後2時頃交換尻をクリアして営業を継続していたのだが，大蔵省の事務方の連絡ミスで片岡蔵相に交換尻クリアの情報が伝わっていなかったために生じたことであった．東京渡辺銀行は翌15日から休業を余儀なくされることとなった．

表 2-1　1927（昭和 2）年 3 月の事象と休業銀行

（単位：百万円）

			日銀貸出		兌換銀行券		休業銀行
			残高	前日比増減	残高	前日比増減	
3 月 14 日	（月）	衆議院予算委員会，片岡蔵相失言	228	0	1,088	△ 2	
3 月 15 日	（火）	東京渡辺銀行破綻発言新聞報道	235	7	1,096	8	東京渡辺，あかぢ貯蓄
3 月 16 日	（水）		258	23	1,097	2	
3 月 17 日	（木）		258	0	1,096	△ 1	
3 月 18 日	（金）		265	7	1,101	5	
3 月 19 日	（土）		301	35	1,155	54	中井
3 月 20 日	（日）	日銀非常貸出を実施					
3 月 21 日	（月・祝）						左右田
3 月 22 日	（火）		536	236	1,342	187	久喜，村井，中沢，八十四，山城
3 月 23 日	（水）	震災手形関係法案 2 法，貴族院で可決（台湾銀行の整理という付帯決議付）	630	94	1,409	67	桑船，浅沼
3 月 24 日	（木）		605	△ 25	1,365	△ 44	添田
3 月 25 日	（金）		557	△ 48	1,325	△ 40	
3 月 26 日	（土）	台湾銀行，鈴木商店への貸増しを拒絶	528	△ 28	1,310	△ 15	
3 月 28 日	（月）		525	△ 3	1,316	5	
3 月 29 日	（火）		522	△ 3	1,323	7	
3 月 30 日	（水）		531	10	1,347	24	
3 月 31 日	（木）		539	8	1,355	8	東葛

（出所）『日本銀行百年史』第 3 巻資料から筆者加工.

ただこの「片岡失言」が契機となったとはいえ，恐慌の原因は関東大震災の際に振り出された「震災手形」の処理にあった．震災手形は当初1925（大正14）年9月までの期限となっていたが，景気回復が思わしくないなかで2度にわたり延長され，恐慌発生当時1927（昭和2）年9月末までとなっていた．いわば，関東大震災以降，景気が停滞するなかで弥縫策を繰り返していたのである．政府は1927（昭和2）年になって，震災手形の最終的な解決を図るために「震災手形損失補償公債法案」と「震災手形善後処理法案」を議会に提出したが，野党はこれを一部資本家の救済策であるとし，大きな対立点となっていた．この議会の抗争により，経済界の動揺につながったのが真相である．

(2) 3月の取り付け

震災手形の所有銀行が世間に知られるようになると預金者の心理を動揺させた．3月19日に中井銀行（東京市所在），21日に左右田銀行（横浜市所在），22日に八十四・中沢・村井銀行（いずれも東京市所在）等が臨時休業をすると発表した．

3月22日には東京の銀行は一斉に取り付け状態となり，日本銀行はほとんど徹夜で市中銀行への貸出に応じた．この日本銀行の対策が効いて，翌23日には前日までの動揺も漸次収まり，預金者も平静を取り戻した．

2. 1927年4月の金融恐慌

(1) 背景

震災手形関係2法案は3月23日ようやく成立した．ただ台湾銀行が震災手形を最も多く所持しており，その大部分が鈴木商店関係のものであることが世間に知られるようになった．鈴木商店の信用は著しく失墜し，同店に多額の融資をしていた台湾銀行の信用問題にまで発展した．同行では，コール・借入金等の市場資金が急速に引き揚げられることとなり，資金繰りは窮迫した．このため，台湾銀行は3月26日（土）夕刻，鈴木商店に対し，28日以降の貸増しには応じられない旨を通告することとなった.

(2) 4月の取り付け

4月8日, 鈴木系と見られていた第六十五銀行（神戸市所在）が休業した. 神戸では大銀行にまで取り付けが波及し, 大阪, 神戸の株式市場はパニック状態となった.

政府は日本銀行に対して台湾銀行に対し非常貸出を行うことを要請し, その内容を緊急勅令という形式をとって, 枢密院に17日までに審議決定を行うよう要請した. 議会で法案を審議する時間がなかったため苦肉の策をとったのだが, この緊急勅令案は枢密院で否決されてしまった. このため, 17日夕刻若槻内閣は総辞職するに至った.

台湾銀行も4月18日に休業に入り, 近江銀行（大阪市所在）も同日休業した. 翌19日には, 蒲生銀行（滋賀県所在）, 蘆品銀行（広島県所在）, 泉陽銀行（大阪市所在）が休業した. こうしたなかで4月21日に十五銀行（東京市所在）が休業した. 十五銀行は当時の大銀行の一つであり, 宮内省本金庫を受け持つ銀行であったから, 休業によるインパクトは大きく, 全国各地で預金者が取り付けに殺到した.

若槻内閣の後を受けて発足した田中内閣において蔵相に就任した高橋是清は, 緊急勅令をもって21日間の支払延期命令, すなわちモラトリアムを行うこととし, 22日の枢密院本会議で可決された. また, 市中銀行は22日, 23日の両日自発的に休業するよう要請し, 日本銀行も一部の支店を除き臨時休業となった.

日本銀行は4月21日だけで, 貸出残高で前日比57%増, 銀行券発行残高で38%増という驚異的な数値を記録し, 特に銀行券に関しては, 片面のみを印刷した乙200円券を発行せざるをえない事態に追い込まれた.

5月入り後, 政府は恐慌の抜本的解決のために法案を議会に提出した. すなわち「日本銀行特別融通及損失補償法案」に基づき, 日本銀行は特別融通による損失が生じた場合には5億円を限度として政府から補償を受けることになっ

表2-2 1927（昭和2）年4月の事象と休業銀行

（単位：百万円）

			日銀貸出		兌換銀行券		休業銀行
			残高	前日比増減	残高	前日比増減	
4月 1日	（金）	株価暴落	516	△23	1,324	△31	
4月 2日	（土）						
4月 3日	（日）						
4月 4日	（月）						
4月 5日	（火）	鈴木商店新規取引停止，神戸・大阪で取り付け					
4月 6日	（水）						
4月 7日	（木）		487	△29	1,200	△124	
4月 8日	（金）		506	19	1,209	9	第六十五
4月 9日	（土）		525	19	1,244	35	
4月10日	（日）						
4月11日	（月）		528	3	1,231	△13	
4月12日	（火）		526	△2	1,208	△23	
4月13日	（水）	政府，日銀特例融通に関わる2億円の補償の緊急勅令案を発出	528	2	1,202	△6	鞍手
4月14日	（木）		537	9	1,202	0	
4月15日	（金）		554	17	1,204	2	栗太
4月16日	（土）		581	27	1,226	22	
4月17日	（日）	枢密院，緊急勅令案を否決，若槻内閣総辞職					
4月18日	（月）	台湾銀行，島内の本支店を除き休業	870	289	1,497	271	近江，台湾（島内除く）
4月19日	（火）		1,002	132	1,626	129	蒲生，蘆品，泉陽
4月20日	（水）	田中内閣発足，高橋是清蔵相入閣	1,063	61	1,679	53	広島産業，西江原，門司
4月21日	（木）		1,665	602	2,318	639	十五，泰昌，武田割引，明石商工

4月22日	（金）	モラトリアム令発出，市中銀行休業	1,671	6	2,328	10	
4月23日	（土）	市中銀行休業	1,677	6	2,334	6	鹿野
4月24日	（日）						
4月25日	（月）		2,096	419	2,660	326	河泉，若狭，魚住
4月26日	（火）		1,932	△164	2,448	△212	
4月27日	（水）		1,693	△239	2,216	△232	
4月28日	（木）		1,559	△134	2,081	△135	
4月29日	（金・祝）						
4月30日	（土）		1,484	△75	2,037	△44	

（出所）『日本銀行百年史』第3巻資料から筆者加工.

た．さらに「台湾ノ金融機関ニ対スル資金融通ニ関スル法律案」により，台湾の金融機関に関して2億円を限度とする融資を行い，生じた損失については政府が補償することになった．これら2法案の成立によって金融界にも安心感が広がり，モラトリアムは5月13日に解除された．

(3) 銀行券の払底

前述のように4月21日銀行券発行残高は前日比38%増という驚異的な増加をした．このような銀行券の発行増によって，日本銀行では発行元銀行券が不足し支払いに支障を生じることさえ懸念される状況となった．そうした急場を凌ぐため，急きょ片面のみを印刷した乙200円券を発行するという，異例の措置までとらなければならなかった．

『日本銀行百年史』に明記されてはいないが，この時期おそらくいくつかの日本銀行支店で銀行券が払底していた可能性がある．銀行券発行高が1日で4割近く増加するような場合には，日本銀行としても物理的に対処できない．日本銀行では市中から還流してきた汚損した廃棄予定の銀行券をも払い出してでも対応しようとしたが対応しきれず，片面のみを印刷した乙200円券を，銀行休業日であった4月22日（金），23日（土），24日（日）の3日間で印刷・発送して対応した．

当時，市中銀行サイドからは「日本銀行が銀行券引き換えになかなか応じようとしなかった」との声もあったようである．取り付けの波及度合いによっては市中銀行のみならず，日本銀行においてすら銀行券が払底するリスクがあることに留意しておく必要がある．

昭和金融恐慌における日本銀行の対応について，『日本銀行百年史』第3巻では，もっぱら日本銀行が実行した特別融通についての反省的な文章が残っている．すなわち，「昭和2年の金融恐慌に際しては，法律に基づくもののほか，本行の判断と責任において実行したものを含めて，大規模な特別融通が行われた．それは本行として全く異例の措置であり，またこうした措置に対する本行以外からの批判にかなり厳しいものがあった」（261頁）としている．

しかしながらむしろ反省すべきは，金融恐慌の4月20日以降の数日間において，日本銀行の発券銀行としての機能が麻痺しかかったことだろう．1844年ピール条例により，イングランド銀行が通貨としての銀行券の独占的発行権を付与され，それが中央銀行のさまざまな機能の基礎となっていることはいうまでもない．にもかかわらず，中央銀行において，銀行券払い出しに支障が生じたというのは，発券銀行としての機能自体に疑問を呈せられたということに等しい．仮に，銀行券の払い出しが数週間不能になっていたら，昭和金融恐慌に倍加するパニックが日本全土を覆っていたはずである．

こうした事象は世界的に見てもこの昭和金融恐慌の際にしか生じていないのではないか．日本人の紙幣＝銀行券への嗜好が極めて強い以上，日本銀行内においても銀行券が不足するリスク（輸送手段の不足による銀行券不足も含め）は現在も残存しているといえよう．

中央銀行の特別融通・特別貸出は，決定までに時間がかかるにせよ，オペレーションにはほとんど時間を必要としない．ところが，重く嵩張る銀行券には，輸送・保存に際して重要なネックポイントが潜んでいることにはくれぐれも留意しておく必要があるということだろう．

図2-1　昭和金融恐慌時の乙200円券

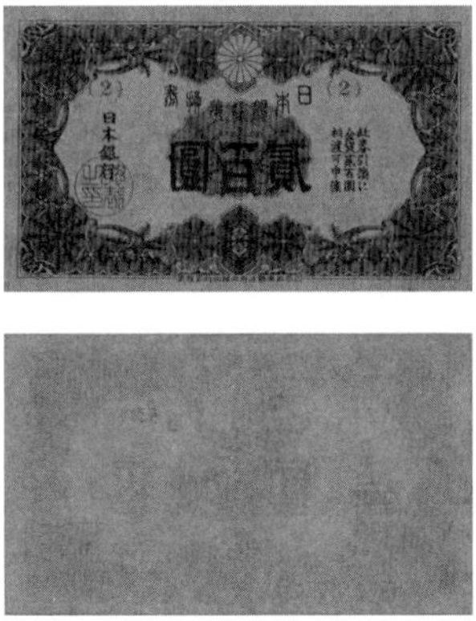

（出所）　日本銀行金融研究所貨幣博物館所蔵.

図2-2　兌換券の残高と前日比増減（昭和2年3月14日～4月30日）

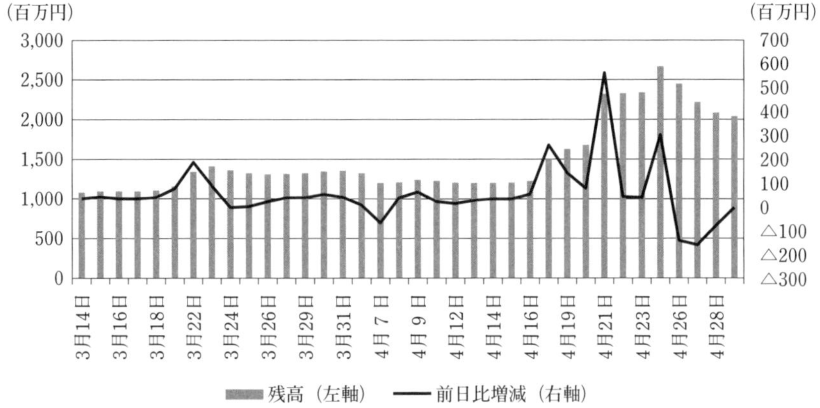

（出所）『日本銀行百年史』第3巻資料から筆者加工.

表2-3　日本銀行の兌換銀行券発行高と前年比（平均残高）

（単位：百万円，%）

	貸出金	前年同月比 増減率	兌換銀行券	前年同月比 増減率
昭和2年1月	313	△25.3	1,285	△3.4
2月	272	△29.2	1,195	△5.0
3月	357	15.9	1,197	3.8
4月	960	216.8	1,621	40.8
5月	1,152	362.7	1,553	40.9
6月	870	215.2	1,336	12.6
7月	775	199.2	1,278	6.8
8月	861	212.0	1,214	4.4
9月	839	246.7	1,161	3.4
10月	852	207.6	1,220	3.9
11月	850	211.4	1,202	4.7
12月	860	137.6	1,366	6.8
3年1月	802	156.2	1,406	9.4
2月	741	172.4	1,243	4.0
3月	747	109.2	1,215	1.5
4月	798	△16.9	1,238	△23.6
5月	986	△14.4	1,198	△22.9
6月	963	10.7	1,280	△4.2
7月	783	1.0	1,264	△1.1
8月	792	△8.0	1,228	1.2
9月	792	△5.6	1,210	4.2
10月	799	△6.2	1,267	3.9
11月	787	△7.4	1,259	4.7
12月	793	△7.8	1,412	3.4

（出所）日本銀行調査局『本邦経済統計』昭和4年4月.

図 2-3　日本銀行の兌換銀行券発行残高と前年同月比増減率

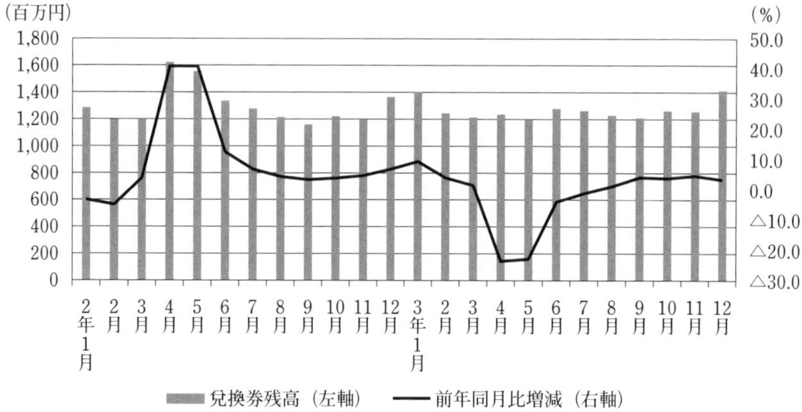

（出所）『日本銀行百年史』第3巻資料から筆者加工.

3. 台湾銀行問題――平成金融危機との相似

台湾銀行は1897（明治30）年公布の「台湾銀行法」に基づいて明治32年に台湾に設立され，9月に開業した特殊銀行である．同行は，台湾の貨幣制度を整理するとともに，商工業，公共事業への金融融通を通じて台湾の開発を進め，さらに南方諸地域との貿易金融を行うことも目的とし，また銀行券発行の特権を付与されていた．

1914（大正3）年に第1次世界大戦が勃発し，日本の経済が活況を呈するようになると，貿易金融の伸長，特に南洋方面，中国大陸に業務を拡張，ロンドン，ニューヨークに支店･出張所を新設した．1918（大正7）年に戦争が終結し，1920年春，反動恐慌が訪れると鈴木商店関係貸出をはじめとして巨額の固定貸を生じることになった．しかも1919年以降は，営業資金の不足をコール資金調達で埋めるという，その場しのぎの資金繰りを続けていた．

台湾銀行と鈴木商店の取引関係は第1次世界大戦中の急速な経済拡大のなかで極めて密接なものとなり，台湾銀行の鈴木商店関係の貸出は急増した．しかし1920年の恐慌，1923年の関東大震災によって鈴木商店およびその関係事業の多くが経営困難に陥った．台湾銀行の総与信のうち約4割が鈴木商店への貸出（利息手形を含まない）であった．

台湾銀行は，昭和初期では，いうまでもなく大銀行であった．このような大銀行の休業が大きなシステミック・リスクを招いたという点は，後述する平成金融危機における北海道拓殖銀行（以下，拓銀と記す），山一證券の破綻・廃業が及ぼしたインパクトと相通じるものがある．昭和金融恐慌は，3月の取り付けよりも，台湾銀行問題がポイントとなった4月の取り付けのインパクトがはるかに大きい．大銀行の破綻は，取り付けを一気にシステミックなものに変えてしまう力がある．

4. 預金保険の有無——平成金融危機との相違

(1) 国会における預金保険制度導入の議論

『預金保険機構10年史』によると，戦前の日本においても，預金保険制度導入の検討はされていた．1927年3月に当時の帝国議会で預金保険制度の導入について議論された記録がある．米国においては，州単位の預金保険制度が各地で設立されており，日本においても預金者保護の一手段として預金保険制度は意識されていた．ただ，「大蔵省は消極的であった．その理由の一つとして，米国諸州の制度は，預金保険基金の枯渇や，銀行経営のモラルハザードの誘発などの問題もあって，当時，廃止あるいは廃止同然となっていたことが挙げられる」（高橋2012）．

米国でグラス・スティーガル法により，連邦預金保険公社（FDIC）が設立されるのは1934年のことである．

(2) 預金保険制度のない世界での預金者行動

預金保険制度のない世界では，恐慌発生時の預金者のなすべき行動は明快である．すなわち「早い者勝ち」を念頭に金融機関窓口に殺到し，早期の預金引き出しを狙う．この行動は極めて合理的といえる．つまり，預金保険機構のない世界では，金融機関窓口に殺到する預金者行動は，合理的であり，表面的に騒乱状態に近いからといって，その行動自体を非難することはできない．

一方で，平成金融危機の1997年11・12月に生じた全国的な取り付けは，前提が全く異なっている．詳細は後述するが，1996年6月の預金保険法の改正で，預金の全額保護が法制化され（正確には，コール市場等での負債を含めた全債務保護が法制化），いわば最終的で最強のセーフティーネットが整備された．よって，平成金融危機の際に預金者が金融機関窓口に殺到したことは，極めて非合理的であり，意味のない行動だったといえる．

昭和金融恐慌と平成金融危機は，取り付けが，個別の銀行に留まらず，システミックに全国的に伝播したという点は似通っているが，預金者の行動心理という点では，前提が全く異なっていることを指摘しておきたい．この大きな前提の違いがあるにもかかわらず，同様の事象が発生したことの原因を探ることが本書の主目的である．

Box 2　昭和金融恐慌時の世論

昭和金融恐慌時の破綻原因は，「ほとんどすべての休業銀行について，①経営の放漫，特に貸付の放漫，②重役やその一族の行金乱用，焦げ付き，③頭取等の独断・専行の経営ぶり，その他情実のしがらみ，不正融資・担保不足ないし無担保融資，蛸配当などであった」（「諸休業銀行ノ破綻原因及其整理」日本銀行『日本金融史資料昭和編』第 24 巻，168 ～ 529 頁）．

当時銀行に対する批判や責任追及の世論が沸騰した．当時のマスメディアの論調としては次のようなものが代表的である．「銀行界は一般的に堕落しているのである．であるから，この一般的堕落を救わぬ限り，休銀が如何に整理せられたとしても，要するに膏薬張りに過ぎずして，結局は何等の解決にならぬものである」（「銀行界の綱紀粛正」『東洋経済新報』1927 年 8 月 27 日号，日本銀行『日本金融史資料昭和編』第 26 巻，579 頁）．

銀行に対する責任追及の動きとしては，金融機関経営者に私財提供を求めるものが多く見られた．このように，金融機関経営者に対する私財提供が責任追及手段の主流となった背景には，預金保険制度がない状況下では預金者への預金払い出しの原資を獲得することが重要な課題であったこと，政府・日本銀行も特融を実行する際の手段として，金融機関経営者の私財提供を求めていたこと等が挙げられよう．

ただこうした私財提供は強制力がないこともあって，金額的には不十分であった．例えば，1927 年の金融恐慌における休業銀行は 34 行であったがそのうち私財提供のあった先は次頁の表の 7 行である．

当時のメディアは，（ほぼ全財産を供出した）十五銀行の関口監査役等の一部の例外を除き，「極めて不十分」（堀江帰一「休業銀行の預金者に与ふ」『中央公論』1927 年 10 月 1 日号，日本銀行『日本金融史資料昭和編』第 26 巻 616 ～ 622 頁）と厳しく指弾している．

私財提供のあった銀行

（単位：千円）

村井銀行	2,536
中井銀行	2,530
中沢銀行	2,550
左右田銀行	3,874
十五銀行	4,500
近江銀行	5,682
渡辺銀行	2,553

（出所）『日本金融史資料昭和編』第 24 巻，第 25 巻から筆者作成．

第3章　平成金融危機時の取り付け

バブルの崩壊に伴い発生した平成金融危機（ピークは1997・1998年）は，深刻さや規模から，日本における金融危機としては昭和初期の金融恐慌に匹敵するものであった．

1. 平成金融危機の背景

平成金融危機の原因は，バブル期に上昇した地価・株価等ストック価格がバブル崩壊後に急落したことである．当時金融機関は不動産を担保として不動産業界に大量の融資を行っていたため，回収不能額の増大や地価の下落による担保不足によって不良債権が急増し，金融機関の破綻が多発する事態に至った．

平成金融危機における金融機関破綻は，当初信金・信組等の小規模金融機関から始まったが，危機のピークともいえる1997年（拓銀破綻，山一證券廃業），1998年（日本長期信用銀行・日本債券信用銀行国有化）には，大規模金融機関・大手証券会社の破綻が相次ぐ事態に発展した[1]．

平成金融危機の初期の段階では，金融機関の破綻処理を実行する制度・体制

1)　平成金融危機の発端となった平成バブルは，Kindleberger（2011）でも過去500年間に世界で発生した10大金融バブルにカウントされている．

が整っていなかった．金融機関破綻処理の実働部隊である預金保険機構は，1996年の法改正までわずか10数名の職員しかおらず，破綻処理実行が事実上不可能だった（1996年6月の預金保険法改正によって職員数が一気に100名を超え，金融機関の処理が可能になった）．破綻処理に伴い必要となる処理資金も不足し，やむなく当局主導で関連する大手金融機関から資金を拠出させたり，場合によっては「奉加帳方式」によって関連のない金融機関からも資金を集めるといった手段がとられていた（1996年の預金保険法改正により国による破綻処理資金が確保され，預金・債務の全額保護が開始された）．また，破綻処理法制も不備が目立ち，更生特例法も存在せず，金融機関処理実務において重要な裁判管轄の集中（現在では東京地裁・大阪地裁に集中）も整備されていなかった．

2. 平成金融危機の推移

平成金融危機の主なイベントや対応施策を表3-1「平成金融危機経緯表」で概要を示した．平成金融危機の1992（平成4）年から2002（平成14）年までに180の金融機関が破綻し，資金援助額合計は，19兆円弱にも及んだ．

この時期の金融機関の破綻原因を見ると，そのほとんどが不動産業への融資偏重による不良債権増であるが，規模別に見ると，中小金融機関の場合，有価証券投資の失敗（保有していたアルゼンチン国債のデフォルト等）や不正・不祥事件の顕現化によるものも散見される（表3-2，表3-3）．

表 3-1　平成金融危機経緯表

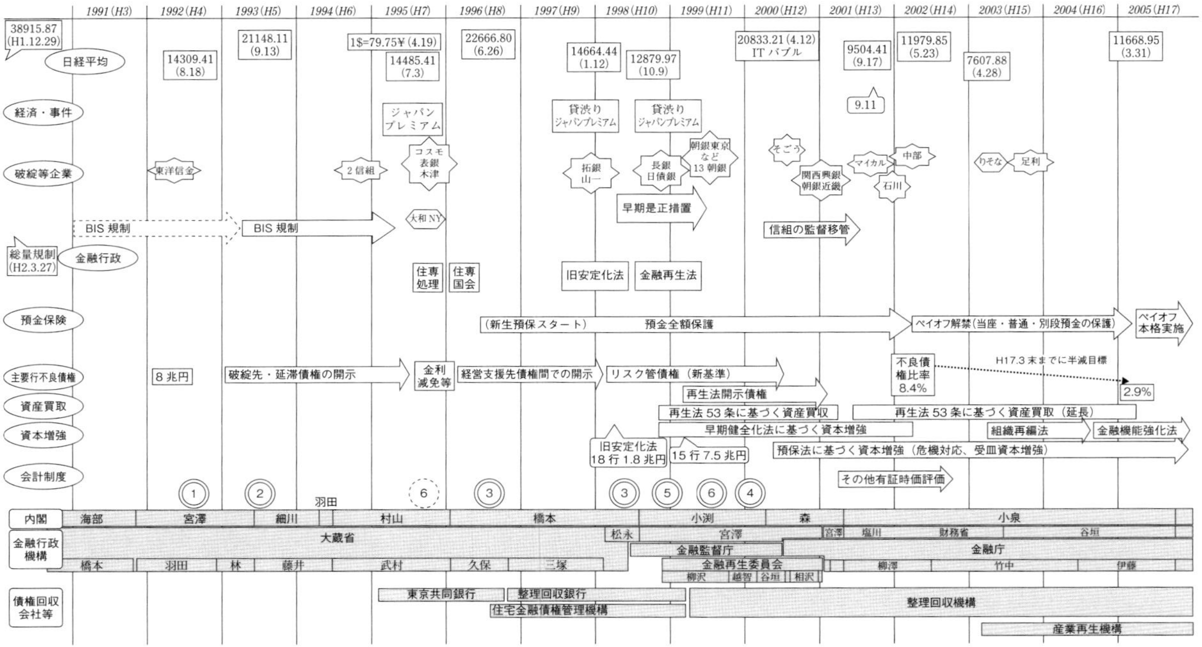

金融機関破綻検数（四半期ベース）

	1991	1992	1993	1994	1995	1996	1997	1998	1999	2000	2001	2002	2003	2004	2005	（合計）
合計	1	1	2	1 2	1 3 2	1 2 2	1 6 3	8 27 2	1 31 1 6	6 4 1 7	2 9 2 34	11		1		181 先
銀行	1				1	1 1	3	3 2	1 3 1 1		1	1		1		20 先
信用金庫		1	1						4 3	3 2	9	4				27 先
信用組合			1	1 2	1 2 2	2 1	1 6	8 24	1 24 2	3 2 1 7	2 9 2 24	6				134 先

（出所）　預金保険機構「平成金融危機への対応」から筆者抜粋・加工.

表3-2　平成金融危機時の金融機関の破綻原因

破綻原因区分	全体（180先）			
			経営に欠陥あり（117先，65.0%）	
	先数	割合	先数	割合
貸出債権の不良化	165	91.7%	109	93.2%
不動産関連業種への与信集中	83	46.1%	54	46.2%
その他業種への与信集中	47	26.1%	40	34.2%
景気低迷等	49	27.2%	28	23.9%
有価証券投資等の失敗	50	27.8%	23	19.7%
不正・不祥事件	9	5.0%	4	3.4%

（出所）　表3-1と同じ．

表3-3　平成金融危機時の金融機関の破綻原因（業態別）

種別	先数	平均総資産	貸出債券の不良化				有価証券投資等の失敗	不正・不祥事件
				不動産関連業種への与信集中	その他業種への与信集中	景気低迷等		
信用組合	134	約1,000億円	91.8%	44.0%	28.4%	28.4%	29.9%	5.2%
信用金庫	27	約2,300億円	85.2%	37.0%	18.5%	37.0%	37.0%	7.4%
銀行	19	約3.5兆円	100.0%	73.7%	21.1%	5.3%	0.0%	0.0%

（出所）　表3-1と同じ．

3. 平成金融危機時の政策対応

平成金融危機においては，その深刻さゆえに，さまざまなプルーデンス政策が用いられた（表3-4）．こうした対応の効果について個別に吟味する．

表 3-4 金融危機時の政策対応

		平成金融危機時
共同体的対応 1992 ～ 1996 年	① いわゆる金融村の論理に基づく共同体的対応	・当局主導による関係金融機関との救済合併救済合併 ・当局主導の奉加帳方式による処理資金集め
金融面での対応 1992 ～ 1998 年 （基本中央銀行の判断で発動可能）	② 中央銀行によるマーケット対応	・インターバンク金利引下げ ・買オペレーション対象債券等の拡大 ・中央銀行の無担保融資
制度対応 1996 ～ 2000 年	③ 処理可能な預金保険制度の確立	・実務的に金融機関の破綻処理が可能な預金保険制度の確立 ・預金・債務全額保護制度の導入
	④ 公的資金による金融機関の資本注入	（住専に対する公的資金注入） ・金融機能安定化法（以下安定化法と記す）による公的資金注入 ・金融早期健全化法（以下健全化法と記す）による公的資金注入
	⑤ 国有化スキームの導入	・国有化スキームの導入
	⑥ 金融機関経営者への責任追及	・金融機関経営者への責任追及
	不良債権の集約・回収	・整理回収機構（RCC）の設立 ・不良債権買取り・回収

（注） 数字は表 3-1「平成金融危機経緯表」の〇数字に該当.

① 共同体的対応

関係金融機関による救済合併や当局主導の奉加帳方式による資金集めは，株主代表訴訟の対象となる可能性が大きいなど法的にも問題があり，また効果も不十分であった.

当初こうした手法を当局が採用した背景には，安宅産業処理の「成功体験」があった可能性があると思われる[2)].

② 中央銀行によるマーケット対応

インターバンク金利の引下げや買オペレーション対象債券等の拡大は，当初，金融機関収益を下支えし，金融機関の資金繰りをサポートすることになったが，抜本的な解決策にはならなかった．

中央銀行の無担保融資は山一證券の自主廃業の際に使用された．流動性供給によるカンフル効果はあるが持続性に問題があり，また回収が不能になると，後日，中央銀行の損失となり，最終的には国庫納付金の減少という形で国の損失につながることになる．

③ 処理可能な預金保険制度の確立

1996年に預金保険法が改正され，実務的に金融機関の破綻処理が可能な預金保険制度が成立したが，危機対応に関して必要条件を満たしたものの，十分条件を必ずしも満たしていなかったように考えられる．

この1996年預金保険法改正の際に，金融機関の預金・債務の全額保護が導入されたことは危機対応としては重要な整備であった．ただし，後述するように全額保護の導入にもかかわらず，1997年11・12月の全国的な取り付け発生を防ぐことはできなかった．

④ 公的資金による金融機関の資本注入

1995年，住専に対し6,850億円の公的資金が注入され，不動産への過剰融資で経営に失敗した金融会社への公的資金による救済だとして，世論の激しい糾弾を受けた．

平成金融危機のピークである1997年11・12月を経て，金融機関に対する公的資金注入が実施された．1998年3月の安定化法による資本注入によりジャパンプレミアムの上昇が止まり，日銀短観の貸出判断DIも下げ止まった（貸し渋りも若干解消したと思われる）．1997年11月からの全国的な取り付けも，安定化法による資本注入政策が公表された1997年12月末には，ほぼ終息している．危機対応政策としては効果があったといえる．

2）　1975年に経営難が表面化した安宅産業の処理では，当局の主導によりメインバンクの住友銀行，準メインバンクの協和銀行が損失を全面的に被る形で実施された．

ただ，安定化法による資本注入は，対象金融機関の横並び意識から，資本注入額がほぼ横一線となり，必要のない金融機関にも注入する一方で，多くの不良債権を抱え，多額の資本注入が必要な金融機関には十分な資本注入が行われなかった．一部の銀行が「資本注入を受けるのは経営内容が悪いため」との悪評が立つことを恐れたためで，結果的に都長銀信託全行に対する資本注入が必要となった[3)].

1999年の健全化法による資本注入により，ジャパンプレミアムは終息し，日銀短観の貸出判断DIも上昇トレンドを辿り，預金取り付けも終息した．健全化法による資本注入により，日本の金融市場は危機を脱したといえる[4)].

⑤　国有化スキームの導入

1998年秋，日本長期信用銀行・日本債券信用銀行の一時国有化が実施された．この国有化は，法的には最も強力なスキームであったが，1998年年末にかけて，日銀短観の貸出判断DI回復も中だるみ，ジャパンプレミアムも再発した．公的資金による資本注入よりもより強力な手段にもかかわらず効果が劣るように観察されるのは，国有化スキームの場合，元株主の利益が毀損される一方，公的資金注入の場合は元の株主も利益を得，マーケットにプラスのシグナルを送ることになること，国有化スキームの場合当該金融機関の資本レバレッジはあまり改善せず，金融機関貸出意欲の改善には結びつかないこと，等が考えられる．

⑥　金融機関経営者への責任追及，不良債権の集約・回収

金融機関経営者，特に破綻した金融機関経営者への刑事・民事の責任追及は金融機関に対する「世論の怒り」を鎮静させる効果をもっている．平成金融危機時においては，住専問題の紛糾時から金融機関経営者責任追及の世論が高まり，その後平成金融危機のピーク時を経て危機の後期に至るまで，刑事・民事

---

3)　当時都長銀信託の中で財務内容が良好だった東京三菱銀行（当時）を説得し資本注入に応じてもらった経緯がある．

4)　安定化法・健全化法による資本注入の効果の測定・評価については，中島・相馬（2010）によるパネルテストがなされている．中島・相馬（2010）では安定化法の資本注入にも一定の効果があったとの検証結果となっている．

両面での責任追及が続いた．この点，公的資金による資本注入との関係で後述する．

4. 平成金融危機時における取り付けの発生

(1) 取り付けの契機

白川（2008）によると，システミック・リスクは，「第一は，心理的な連想に伴う預金の取り付けである．これはひとつの銀行での預金の支払い不履行という事態が心理的な連想を通じて他の銀行での預金の取り付けを引き起こす事態である．第二は，インターバンク市場での直接的な与信の焦げ付きである．破綻銀行に対して与信を有する貸手銀行は与信の焦げ付きに伴う損失から自己資本が減少し支払い不能となる可能性がある．第三は，時点ネット決済システムを通じる連鎖的な波及である．時点ネット決済システムはシステム参加者全員が支払いを行うことが前提となっているため，一つの銀行の破綻は，他の銀行に直ちに影響する」（白川 2008，299 頁）としている．

(2) 1997 年 11 月 12 月の取り付け

1997 年 11 月 12 月は平成金融危機のピークであり，破綻処理関係者間で「魔の 11 月 12 月」[5]と呼ばれている．

1997 年 11 月以前にも平成金融危機では取り付けが発生しているが，いずれも単発的であった．例えば，1991 年 8 月の東洋信金破綻では各店舗で取り付けが発生している．また，1995 年 8 月の木津信用組合破綻では，取り付けの模様がテレビニュースで報道されたほか，信組職員が取り付け騒ぎの際に顧客とのトラブルで重傷を負うなど混乱も発生している（後述）[6]．

こうした散発的な取り付けと異なり，1997 年 11 月 12 月の取り付けは，全

5） 最初に「魔の 11 月 12 月」という言葉を用いたのは日本銀行の中曽宏元副総裁と記憶している．

6） 東洋信金は 1991 年 8 月，偽造預金証書を発行しこれを担保に不正融資を実行したことが原因で破綻．木津信組は 1995 年 8 月経営者による情実不正融資が原因で破綻．

国的に拡がり，日本銀行券発行残高が急激に増加するなど，昭和金融恐慌時に匹敵する取り付けであった．1997年11月には三洋証券，拓銀，山一證券，徳陽銀行が連続的に破綻した．特に金融市場の中核的役割を果たしていたと見られた拓銀の破綻と山一證券自主廃業が契機になり，全国的な取り付けに発展した[7)]．

この1997年11月12月の取り付けの特徴の一つは，経営内容が健全な金融機関でも取り付けが広範囲に発生したことである[8)]．

この前年の1996年6月には預金保険法の改正により金融機関の預金および債務の全額保護が実現しており，当局も全額保護の旨を積極的にPRしていた．つまり1997年11月12月に取り付けに走った預金者行動には合理的根拠はない．

1997年11月12月の取り付けの際には対応面で日本銀行券の配送がネックとなった．金融機関からの預金流出があまりに急であったため，日本銀行本店から日本銀行支店へ配送する予定であった日本銀行券をワンタッチスルーで金融機関に配送するといったことで凌いだこともあった．

5. システミック・リスクが顕現化した理由（1）――大銀行の破綻

昭和金融恐慌の際には預金保険制度は導入されていなかった．これに対して平成金融危機の際は，1996年6月に預金保険法が改正され，金融機関預金の全額保護（正確には全債務保護）が実現し，最も強力なセーフティーネットが成立していた．同様に，全国的にシステミック・リスクが顕現化したが，昭和金融恐慌と平成金融危機の取り付けは前提が全く異なっているのである．ではなぜ平成金融危機の際に預金者は非合理的な行動に走ったのだろうか．

7）拓銀は11月17日に破綻．山一證券は11月23日に自主廃業．

8）当時経営内容悪化が伝えられていた足利銀行等で取り付けが発生した．一方，経営内容が健全であった中国地方の大手地銀の首脳陣が，拠点の関係で海外に出張中，自行での取り付けの連絡を受け，「まさか当行ではありえない」と呟きながら，急遽帰国したといったエピソードが残っている．

(1) 取り付けの伝播メカニズムとネットワーク理論

金融市場の特性や取り付けの伝播メカニズムについて，「ネットワーク理論」で説明しようとする考えがある（田邉 2009）．

日本銀行ネットワークシステムは日本銀行当座預金をベースとした金融機関間の相互振替システムであるが，2001年に金融機関破綻に対する脆弱性をカバーするためそれまでの時点ネット決済から即時グロス決済（RTGS：Real-Time Gross Settlement）に移行した．このシステム変更により副次的に金融機関間で行われる資金取引データが逐一取得できるようになり，金融市場におけるネットワーク理論の当てはめの実証研究が可能となった（日本銀行金融市場局 2003）．また，同様の試みがコール市場についても行われている（今久保・副島 2008）．田邉（2009）はこうした先行研究も踏まえ，金融市場の特性や取り付けの伝播メカニズムの分析に発展させたものである[9]．

ネットワーク構造とは，多数の要素を含んだ系中に作られる要素間の結びつきからなる構造を指すが，一般的に要素を「ノード」，ノード間の何らかの結びつきを「リンク」と呼んでいる（日本銀行 2003）．

田邉（2009）によると，ネットワークにはノードとリンクの組み上げ方等により，「格子」「木」「ランダム」といった形態があるが，金融システムは，種々の特徴から「スケールフリーネットワーク」に属していると考えられる．スケールフリーネットワークの特性からすると「金融システムは，①（単に規模が大きいだけでなく繋がりが多い）ハブの破綻に脆弱である，②継続的な外部からのストレスがあると，ある時点から一連の連鎖が始まる，③信用不安は早いスピードで伝播する可能性がある，という意味でシステミックなリスクに脆弱だと考えられる」．田邉（2009）は，「繋がりの多いハブ（的なノード）」がシステミック・リスク発生時に果たす役割の重要性を強調したものとなって

9）それまでの時点ネット決済では，金融機関が日本銀行に持ち込んだ振替指図が一定時点まで蓄えられ，ある時点でネット額のみで決済するので，金融機関相互の振替指図データが詳細には記録されない．一方，RTGSの場合は，金融機関から日本銀行への振替指図が持ち込まれしだい一つ一つ直ちに実行されるため，個別の振替データがログに残存する．

いる.

(2) "Too Big To Fail" は正しい

"Too Big To Fail" とは, 資産規模の大きい銀行が倒産した場合, 中小金融機関にも相次いで破綻が連鎖するリスクがあるほか, 銀行部門全体に対する不安の拡大やそれを映じた取り付けの発生等により, 金融システム全体がパニック状態に陥る可能性が高いことから, 大銀行は倒産させることはできないとする考えのことをいうが, このネットワーク理論や平成金融危機の際に生じた取り付けを見ると, "Too Big To Fail" は正しいのではないか.

当時, 政府・監督当局は「都長銀信託等, 大手金融機関は潰さない」ことを (公式ではないが) 表明していた. 拓銀の破綻と山一證券の廃業によって, 預金者の政府・金融当局に対する不信感が高まったことも見逃せない. ネットワーク理論におけるハブに該当する金融機関等 (拓銀・山一證券) が破綻することによって, 一気に危機が拡大した可能性がある. すなわち, ネットワーク理論では「金融システム全体の機能は, 多くの金融機関が属する比較的規模の小さな領域にある金融機関の相対的に多めの数の破綻よりも, ハブと呼ばれる取引の集中している規模の大きい金融機関の少数の破綻によって損なわれる蓋然性が高いということになる. しかも, 現実にはハブ同士の類似性, 相関があるため, その傾向はますます強まる. (中略) 巨大なネットワークの核となるあるハブ金融機関の破たんを回避するため, あるいは破綻したとしてもその機能が維持されるよう, いくつかの内外の金融危機において, 金融当局は資本注入や一時国有化などによりハブ金融機関の機能停止を回避しようとした. このことは, スケールフリーネットワークを維持する観点に立って, ハブを防御しようと観念できるかもしれない」(田邉 2009, 404, 405 頁).

6. システミック・リスクが顕現化した理由 (2)
——預金者の「閾値《いきち》」を超える情報インパクトの発生

平成金融危機の際に預金者が非合理的な行動に走ったもう一つの理由は，通常の値をはるかに超える危機情報が発生し，預金者のもつ「閾値」を突破してしまったのではないかということである．

(1) 1997 年 11 月 12 月の取り付けの計数的経過

このことを確認するため，1997 年 11 月 12 月の取り付けがどのような経緯を辿ったかを計数的に把握してみる．取り付けの発生状況は，日本銀行券の発行残高の異常な増加という形で観察できる．預金者が金融機関から日本銀行券の払い出しを行うと，金融機関は手許の日本銀行券が不足するため，自行の日本銀行当座預金を取り崩し日本銀行から日本銀行券を引き出す．日本銀行からの日本銀行券の引き出しは，通常朝一番に集中して行われるので，金融機関の窓口もしくは ATM から日本銀行券が大量に引き出された後，1 日か 2 日のラグを置いて，日本銀行券発行の急増が観察されるはずである（後述図 3-3 等でこの推論が確認されている）[10]．

一方，取り付けのトリガーとなる個々の預金者の意識をトレースすることは難しい．1997 年当時，詳細な時系列の世論調査はなされていない．そこで，新聞記事の中に含まれるいくつかのキーワードを時系列で抽出し，預金者心理の代理変数と考え，その計数の変化をサーベイしてみる[11]．

---

10)　金融機関が日本銀行から朝に集中的に日本銀行券を引き出すことを，通常「朝取り」と称している．

11)　朝日新聞「聞蔵」，日本経済新聞「日経テレコム」を使用．一つの記事内に複数の危機関連ワードが含まれていた場合は 1 とカウントしている．

(2) 新聞記事からのキーワードの抽出

代表的一般紙である朝日新聞の「1 面」,「経済面」,「社会面」毎に金融危機に関連すると思われるワード群（金融危機，破綻（破たん），金融ショック）を日次，月次で抽出した．

金融危機に関連すると思われるワード群の数の推移を見ると，1995 年 10 月頃に最初の山が来ている．この時期は住専問題で世論が沸騰していた時期と重なる．その後は，1997 年 11 月 12 月の拓銀，山一證券の破綻時期に 2 回目のピークがあり，1998 年 10 月 11 月の日本長期信用銀行，日本債券信用銀行の破綻（国有化）時期に 3 回目のピークを迎えている．改めて振り返ると当時の実感に合う動きである（図 3-1）．

危機のピークであった 1997 年 11 月 12 月にかけての金融危機ワード群と日本銀行券発行残高前年比の日次データを対比させてみる（図 3-2，3-3）[12]．

図 3-1　危機ワード群の推移（月次・朝日新聞）

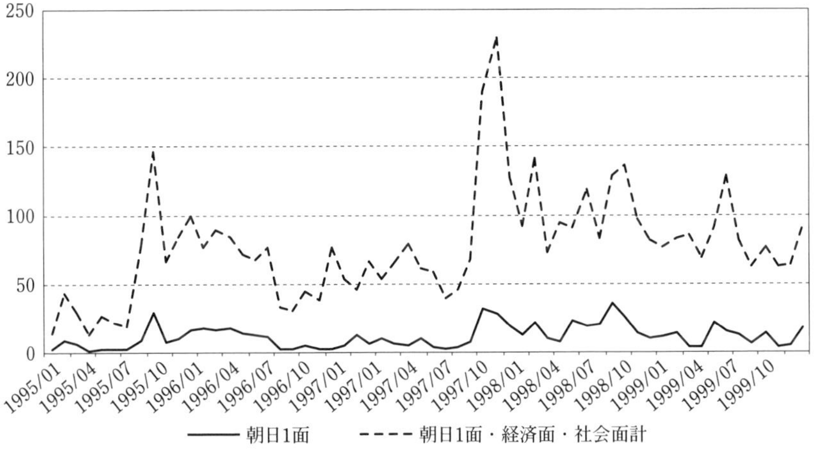

（出所）朝日新聞記事をもとに筆者作成．

12）日本銀行券発行残高日次データを日本銀行は公表していない．ただ，当時日本銀行は資金需給表を日次で公表しており，この中に日本銀行券前日比増減額が含まれている（資金需給表は日経金融新聞に掲載）．例えば 1997 年 10 月末の日本銀行券発行残高（これは公表）をベンチマークとして，日本銀行券発行残高を伸ばすと日次の日本銀行券発行残高データが得られる．

図 3-2　危機ワード群発現数の推移（日次・朝日新聞）

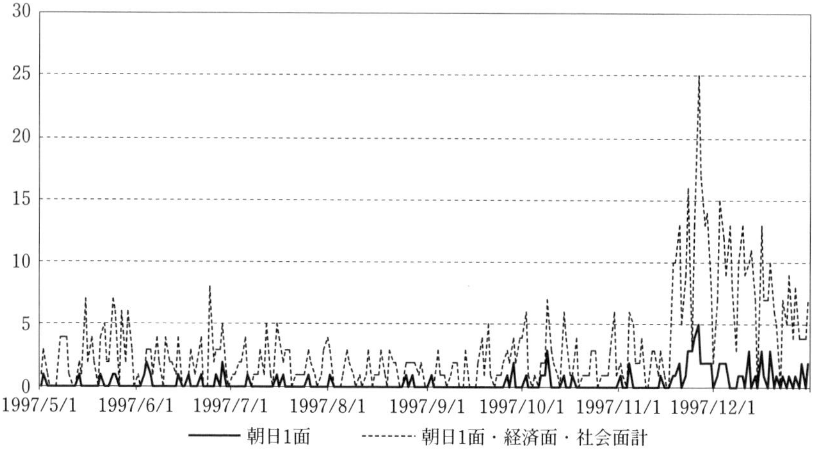

（出所）　朝日新聞記事をもとに筆者作成.

図 3-3　1997 年 11・12 月の危機ワード群と日本銀行券発行残高前年比の推移

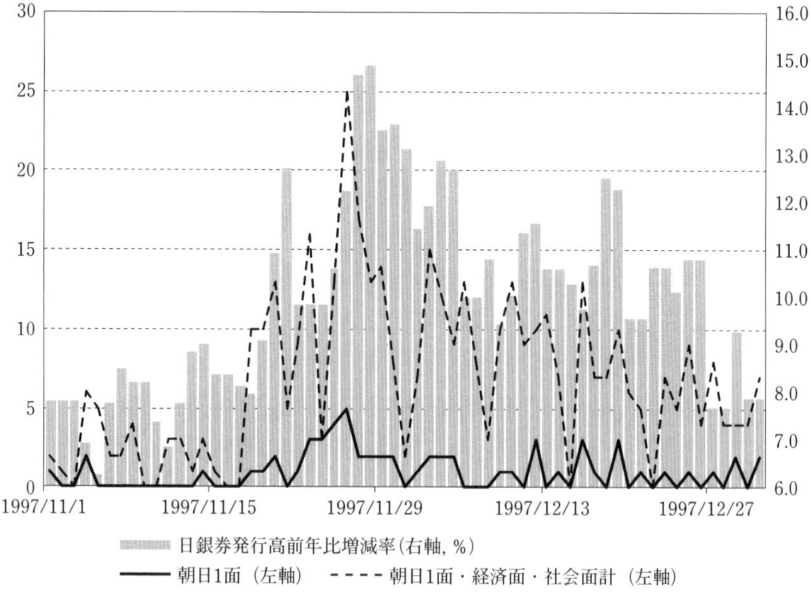

（出所）　朝日新聞記事をもとに筆者作成.

表 3-5 1997 年 11 月 1 日～ 1997 年 12 月 31 日（日次ベース）

ラグ 0	R2	T	D.W
朝日 1 面	0.16239	3.38204	1.69083
朝日 1 面・経済面・社会面計	0.30005	5.02909	1.72408
ラグ 1 日	R2	T	D.W
朝日 1 面	0.23596	4.26867	1.90787
朝日 1 面・経済面・社会面計	0.51422	7.90276	1.80584

ワード出現数	1 面	1 面・経済面・社会面計
1997 年 5 月 1 日～ 1997 年 10 月 31 日平均 a	0.2	1.9
1997 年 11 月 1 日～ 1997 年 12 月 31 日平均 b	1.0	6.9
b/a 倍	5.3	3.6
*1997 年 11 月 20 日 c	2.0	13.0
c/a 倍	10.8	6.8
* 拓銀破綻時		
**1997 年 11 月 23 日～ 1997 年 11 月 28 日平均 d	3.2	14.5
d/a 倍	17.1	7.6
** 山一證券自主廃業時		

参考：1997 年 5 月 1 日～ 1997 年 10 月 31 日（日次ベース）

ラグ 0	R2	T	D.W
朝日 1 面	0.00643	−1.08501	1.85964
朝日 1 面・経済面・社会面計	0.00559	1.01144	1.79213
ラグ 1 日	R2	T	D.W
朝日 1 面	0.00031	0.23700	1.86176
朝日 1 面・経済面・社会面計	0.08406	4.08698	1.80998

（出所） 筆者作成.

朝日新聞の危機ワード群と日本銀行券発行残高前年比の関係を見ると，危機ワード群については，1997 年 11 月 17 日の拓銀の破綻時と 11 月 23 日の山一證券自主廃業時で 2 度ジャンプをした後，11 月 26 日頃にピークを迎えている.

一方，日本銀行券発行残高前年比は拓銀破綻の1日後の18日～20日に最初のジャンプがあり，山一證券自主廃業後の24日～28日に2度目のジャンプがある．

朝日新聞の金融危機ワード群と日本銀行券発行残高前年比を回帰してみると，

（a）取り付け発生前の半年（1997年5月～10月）における金融危機ワード群と日本銀行券発行残高前年比の回帰に比べ，1997年11月12月の回帰は相関係数がかなり上昇する．

（b）さらに，先述のラグを考慮して日本銀行券発行残高を1日前倒ししてみると，回帰のフィットが良くなるという結果となっている．

一般的に，新聞社内で翌日朝刊の1面を編集する際には，編集会議で各部署（政治部・経済部・社会部・文化部等）のチーフが集まり紙面構成を議論・企画しているとのことである．一般紙の政治部や社会部の記者にも金融危機が肌で感じられるようになると，それが新聞1面に反映されるようになる．また，預金者サイドでは普段新聞を詳しく読まない人でも机の上に新聞があれば1面は見ている可能性がある．新聞の1面に危機関連ワードが頻繁に踊るようになり，危機関連のワード数が一定の閾値を超えると，危機意識が急速に醸成され，非合理的な取り付けが開始されるとの仮説が一応成り立つと考えられる（図3-3）．拓銀破綻の後では朝日1面の危機ワードが1997年5月～10月の平均値の10.8倍，山一證券自主廃業の後は17.1倍となっている．平時の10倍以上の危機ワードが一つの境界線とも考えられる（別添1　朝日新聞1面11月17日夕刊）．また，危機のピーク時には，メディアの預金者心理に及ぼす影響力も増幅され，預金者の意識と相互に影響し合っているように観察される．

危機ワードの抽出数と，日本銀行券発行残高前年同日比は，1997年12月24日前後から急速に鎮静化している．政府筋が「金融機関への公的資金注入計画」を正式に表明したのが，1997年12月23・24日であり，このことが取り付けを終息させたものと思われる（別添2　朝日新聞1面12月25日朝刊）．なお，日経新聞の危機関連ワードと日本銀行券発行残高前年同日比の関係でも，朝日

別添1　朝日新聞1面1997年11月17日夕刊

拓銀、都銀初の破たん

預金、日銀特融で保護

北海道の営業権 北洋銀に譲渡

　巨額な不良債権を抱え、経営不振に陥っていた都市銀行の北海道拓殖銀行（本店・札幌市、河谷禎昌頭取）は十七日午前、事実上経営が破たんし、北海道内の営業権を第二地方銀行の北洋銀行（同、武井正直頭取）に譲渡すると発表した。また、六十三店ある本州内の店舗網については、今後、受け入れ先を探す。大蔵省、日本銀行は同日午前、三塚博蔵相と松下康雄総裁がそれぞれ記者会見し今回の破たん処理策について説明したが、当面の資金繰りは日銀が無担保、無制限の特別融資をすることで補い、預金は全額保護する。また、拓銀の不良債権処理のために、預金保険機構が資金を拠出する。拓銀の経営陣は責任を取って、頭取以下の取締役全員が辞任する。都市銀行クラスの破たんは史上初めてで、格下の第二地銀にのみ込まれる形で処理されることは、金融界の淘汰(とうた)が本格化し始めたことを象徴している。（2・22面に関係記事）

　拓銀は今年四月、地方銀行の北海道銀行（同、藤田恒郎頭取）との合併を発表したが、道銀側が拓銀の不良債権処理に懸念を抱いたことなどから、合併交渉は不調に終わり、九月に延期を発表していた。一方で、大蔵省は拓銀への検査を十月からしている途中だった。債務超過状態の可能性が強いとみられている。

　この間に、首都圏をはじめとする本州地区を中心に預金の流出が大幅に進んだ。拓銀の預金残高は、この五年間では一九九四年三月期の八兆七千億円がピークだったが、今年に入って預金の解約が進み、九月末には五兆九千億円と六兆円を割り込んだ。経営不安を反映して、拓銀の株価は先週、一時五九円と額面（五〇円）割れ寸前の水準まで落ち込んだ。

　こうしたことによる信用低下で、金融市場での資金調達も急速に悪化、他行に比べ高利の調達を余儀なくされ、経営体力の弱体化が加速していた。

　拓銀の経営基盤が道内と本州双方にある二極型のため、同じ道内の金融機関への継承が不可欠だったが、合併交渉の不調で不信感が広がった道銀側には拒否の姿勢が強いことで断念された。このため、比較的不良債権が少なく、北海道第三位の資金量をもつなど経営体力があると判断された北洋が受け皿役として浮上した、とみられる。北洋への正常債権と預金の営業譲渡は半年から一年後になる見通し。

　また、日銀の松下総裁は営業譲渡を順調に進めるうえで「北洋の増資が必要だ」との方針を明らかにしており、破たん処理策には、北洋以外の金融機関が本州地域での店舗買収以外にも加わることになる見通しだ。

北海道拓殖銀行の破たん処理の仕組み

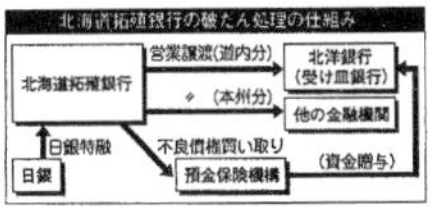

北海道拓殖銀行　都市銀行最下位。一九〇〇年、北海道開発を目的とした政府系金融機関として設立され、五〇年に普通銀行に転換した。店舗数は計百九十七。道内は百三十四店舗、本州は首都圏の五十九店を含めて六十三店ある。従業員は約五千五百人。今年四月の合併発表の際、海外からの撤退を発表した。バブル期に地元の不動産開発・建設会社のカブトデコム（本社・札幌市）などに巨額の融資を行ったが、バブル崩壊で大半が焦げ付き、経営不振に陥った。今年三月期の公表不良債権額は九千三百四十九億円で、貸出金に占める割合は一三・四%だった。

北洋銀行　一九一七年（大正六年）に小樽市で庶民金融機関の北海道無尽として設立。四四年に北洋無尽となり、翌年本店を札幌市に移す。五一年に相互銀行法施行で北洋相互銀行に名称を変更、八九年に現在の名称になった。現在の店舗数は道内百二十一、東京一。従業員数は約二千人。預金高は昨年度末現在で一兆五千三百九十九億円。

別添2　朝日新聞1面1997年12月25日朝刊

公的資金枠30兆円に

政府・与党　金融安定化へ拡充

国債10兆円　融資保証20兆円

政府・与党は二十四日、総額三十兆円の公的資金の投入枠を設けることを柱とする金融システム安定化策を決めた。預金保険機構に十兆円の国債を交付、さらに二十兆円の政府保証付き融資枠を設ける。これらの資金を破たんした金融機関の処理に十七兆円、破たんしていない金融機関の自己資本増強用として十三兆円、それぞれ支出できるようにする。北海道拓殖銀行や山一証券の破たんを契機に打ち出された公的資金投入構想は、株式市場の低迷や銀行の貸し渋りによる景気後退の懸念が止まらず、三十兆円規模にふくれあがった。政府は次期通常国会に、今回の対策を具体化する「金融システム安定化基本法案」（仮称）と預金保険法改正案などを提出する。

（2・3・11面に関係記事）

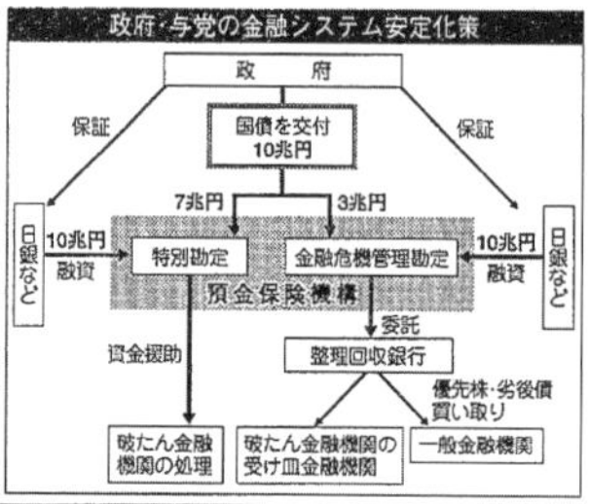

公的資金のうち、最終的にいくらが財政負担、つまり国民負担になるかは、はっきりしないが、最大で三十兆円の負担が生ずる可能性がある。

対策は二十四日午前、自民党の緊急金融システム安定化対策本部（宮沢喜一本部長）がまとめ、与党三党の政策責任者で合意、同本部の保岡興治事務局長が発表した。

破たん処理への公的資金投入は、預金保険機構内に二〇〇一年三月までの時限措置として設けられている「特別勘定」の財源強化の形で行われる。日銀などから融資を受けられる枠を現在の一兆円から十兆円に拡大、さらに、現在は信用組合の破たんだけが対象になっている政府の債務保証を銀行など預金を受け入れている金融機関全体に広げる。

これとは別に、十兆円の国債交付のうち七兆円を特別勘定に入れる。

金融機関の自己資本増強支援については、預金保険機構内に「金融危機管理勘定」を新設し、十兆円の政府保証付き融資枠を設ける。国債交付の残り三兆円も同勘定に入れる。危機管理勘定は整理回収銀行を通じて、銀行などが発行する優先株や劣後債を取得する。特別勘定と同様、二〇〇一年三月までの時限措置とする方針。

両勘定を清算する仕組みは決まっていないが、銀行などから集める保険料収入で穴埋めしても損失が残った場合は、国債の償還や政府保証の実行を通じて、財政資金が使われる。資本増強の方は最終的に優先株などを売却して回収する道が残されているものの、その金融機関が破たんしてしまうと、すべて損失となる。

危機管理勘定からの出資対象は①破たん金融機関の受け皿となる金融機関②その他一般の金融機関の二種類。一般金融機関への支出については「金融システムや信用秩序に重大な支障が生じる場合」「特定の地域や産業分野に壊滅的な影響を与える場合」などの条件をつける。「金融機関の経営再建が目的ではない。優先株などの取得後、売却が困難になったり、破たんして財政負担の増加につながる可能性が高い場合は支出しない」としている。

新聞の場合とほぼ同様の結果が得られている.

7. 預金引き出し上限設定が強力な取り付け抑止策

日本では銀行窓口での預金引き出しに制限はないが，ATM では，1 日当たり 30 万～50 万円の制限がかかっている．この引き出し制限は，先述のように筆者が 1990 年代央当時の都銀懇談会に働きかけて実現したものである（アイデア自体は当時信用機構局次長だった黒田巌氏のもの）．表向きの説明は，ATM の中に保存する銀行券を節約するとのものであったが，当時バブル崩壊による金融機関破綻が増加するなかで，ATM ネットワークを経由した「取り付け」の被害を最小化しようとするものであった．MICS と呼ばれる ATM ネットワークはほぼすべての金融機関を網羅しており，東北地方の信用金庫の預金口座の預金を東京のメガバンクの ATM から引き出すことが可能である.

このように，日本でも ATM 経由については，預金引き出しに制限が設けられていることは留意すべきである．この ATM からの預金引出制限は，システム的には，預金が預けられている金融機関の CIF ファイル自体に ATM 経由分にパラメータ設定を行うことで，実施している．ATM 経由分のみに限定しなければ，預金者 1 人当たりの預金引出しを一定限度に抑え込める.

預金に引出制限を設けることはシステム的には困難ではないので，平成危機時のような広範にシステミック・リスクが顕現化したような場合には，すべての金融機関に一時的に預金引出制限をかけることによって，銀行券不足による一段のパニック発生を避けることが可能になる.

預金引出制限はもってのほか，との反論が予想されるが，逆にすべての債権債務関係の中で預金だけを特別扱いし，一気に全額引出可能とすることは法理論的におかしい．個人間の貸し借りの場合でも返済を一部ずつ実施することは，日常的に行われていることである．金融機関の貸し出しであっても返済は分割して行われるのが通常ではないか．預金だけを法的に特別扱いするような条文は憲法上も民商法上も存在しない.

第4章　リーマンショック時の“Dash For Cash”

1. リーマンショックの経緯

リーマンショックを時系列的に俯瞰するため，経済産業省（2009）に基づき，リーマンショック時の発生事象と米国ソブリンCDS・ダウ平均株価の推移などについて「リーマンショック経緯表」（図4-1），「CDS・株価と金融危機対応策」（図4-2）を作成した[1)].

これら3つの図に沿ってリーマンショックを概観すると，2008年8月までのトリガー段階と2008年9月以降の伝播・拡散段階に区分される（Bernanke 2012）．トリガー段階では，そもそもの大元の原因であったサブプライム・ローンの焦げ付きが増加し，それに伴って組成されていた証券化商品の価格が大幅に下落した．そのため，サブプライム関連の証券に集中投資していた金融機関・投資銀行やシニア・トランシェの保証をしていた保険会社に大きな損失が発生することとなった（翁 2010）．

こうした状況下，住宅市場の低迷・サブプライム・ローンの焦げ付きや金融市場の収縮の影響から，2007年9月には英国でノーザン・ロック銀行が，2008

1)　CDS：Credit Default Swap．企業等の債務不履行に伴うリスクを対象にした金融派生商品．金融市場リスクの変動を測る指標として利用できる．

図4-1　リーマン

	2006(H18)	2007(H19)
経済事件・破綻	6～10月　米国住宅価格低下	8月　格付け会社によるサブプライム関連商品格下げ 仏BNPパリバ傘下ファンドの償還凍結 9月　英ノーザンロック銀行取付け発生
政策対応		8月　BNPパリバに関しFRB･ECBが緊急資金供給 12月　欧米5中央銀行による資金供給
NYダウ	10847.41 (1.3)	12474.52 (1.3)
FFレート	4.25000 (1.3)	5.25000 (1.2)
CDSレート	82.833 (1.3)	23.340 (1.2)
ロンドンFTSE	5681.50 (1.3)	6310.99 (1.2)
日経平均	16361.54 (1.4)	17353.67 (1.4)
コールレート	0.00150 (1.4)	0.32500 (1.3)
CDSレート	4.583 (1.2)	3.375 (1.4)
米大統領		ブッシュ
FRB議長	グリーンスパン	
ECB総裁		
日本内閣	小泉	安倍
日銀総裁		福井

(出所)　筆者作成.

ショック経緯表

2008(H20)	2009(H21)	2010(H22)	
3月　ベアスターンズ経営危機,3/16JPモルガン・チェースが買収 9/15　リーマン・ブラザーズ破産申請 バンク・オブ・アメリカ,メリルリンチ買収	6/1　GMが連邦破産法第11章の適用を申請		
3月　欧米5中央銀行による資金供給の拡充 7月　米政府・FRBがファニーメイ,フレディマック支援策を発表 9/16　FRB,AIGに資金供給 9/18　欧米日6中央銀行による資金供給策発表 9/21　FRBがゴールドマン・サックス,モルガン・スタンレーの銀行持株会社への転換を承認 9/29　ベネルクス3ヵ国がフォルティスに公的資金を注入 9/30　仏,ベルギー,ルクセンブルグの3ヵ国がデクシアに公的資金を注入 10/3　米国で緊急経済安定化法が成立 10/7　FRBがコマーシャル・ペーパー買取制度の導入を発表 10/8　英国政府が銀行部門支援策を発表 10/12　ウェルズ・ファーゴによるワコビアの買収をFRBが承認 10/13　英国政府が大手金融機関3行に総額370億ポンド(約5兆円)の資金注入を発表 10/14　米国がG7行動計画実施のための措置(資金注入等)を発表 10/16　スイス国立銀行,UBSへの支援策を発表 10/19　オランダ政府,INGへの支援策を発表 10/20　仏政府が,大手金融機関6行に総額105億ユーロ(約1.2兆円)の資金注入を発表 10/21　独のバイエルン州立銀行が資金注入を政府に申請 11/3　独のコメルツ銀行が資金注入を政府に申請 11/23　米政府がシティに対する支援策(資金注入及び保有資産の政府保証)を発表 11/25　FRBが最大8,000億ドル(約74兆円)の新たな金融市場対策を発表	1/16　米政府がバンク・オブ・アメリカに対する支援策(資金注入及び保有資産の政府保証)を発表 1/21　仏政府が大手金融機関6行への追加資金注入を発表 1/28　英国政府が追加の金融安定化策を発表 2/10　米財務省が金融安定化策を発表 2/18　米政府が金融安定化策のうち,住宅所有者への支援を含む住宅対策を発表 独金融機関の国有化法案を閣議決定 2/25　FRBが金融機関に対するストレステスト(健全性審査)の実施を発表 3/5　イングランド銀行が中長期の英国債購入を含む資産買取の実施を発表 3/18　FRBが最大3,000億ドル(約29兆円)規模の米国債買取の実施を発表 4/2　第2回金融・世界経済に関する首脳会合において首脳声明を発表 5/7　ECBがカバード・ボンド(金融機関が発行する担保付債権)の買取等を発表 FRBが主要19行に対するストレステストの結果を発表 5/11　独政府が金融機関から不良資産を分離するためのバッド・バンクを創設する案を発表 6/17　米政府,金融危機の再発防止に向けた金融規制改革案を発表		
13043.96 (1.2)	9043.69 (1.2)　6547.05 (3.9)	10583.96 (1.4)	
3.50000 (1.2)	0.03125 (1.2)	0.10000 (1.4)	0.000 (2015.7.31)
45.412 (1.30)　70.074 (11.20)	57.703 (1.1)	17.180 (1.13)	
6416.70 (1.2)	4561.79 (1.2)　3512.09 (3.3)	5500.34 (1.4)	
14691.41 (1.4)	9043.12 (1.5)　7054.98 (3.10)	10654.79 (1.4)	
0.52500 (1.3)	0.10500 (1.1)	0.09500 (1.1)	−0.7717 (2016.4.26)
8.750 (1.4)	46.081 (1.5)	68.575 (1.4)	157.209 (2011.10.5)
	オバマ		
バーナンキ			
トリシェ			
福田	麻生	鳩山　菅	
	白川		

図4-2　CDS・株価と金融危機対応策

NYダウとCDS推移	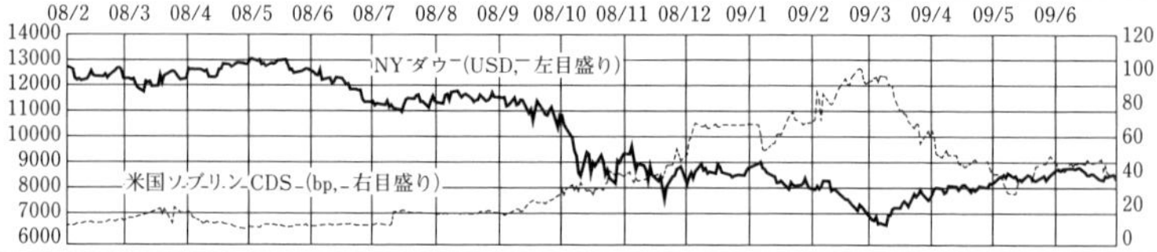
経済事件・破綻／対応策等	08・3　欧米5中央銀行資金供給策拡充、ベアスターンズ経営危機（JPモルガン・チェースが救済買収）、FRBがプライマリー・ディーラー向け貸金制度導入 08・7　米政府、FRBがファニーメイ、フレディマック（GSE）支援策発表 08・9　米政府GSE救済策、リーマン・ブラザーズ破産申請、バンク・オブ・アメリカ（BOA）がメリルリンチ買収、FRBがAIGへ融資、日米欧6中央銀行資金供給策、米政府が不良債権買収等システム安定化策、FRBがゴールドマンとモルガン・スタンレーの銀行持株会社化転換承認、ベルギー・アクシアに公的資金注入 08・10　米国で緊急経済安定化法成立（9月に下院で一旦否決）、FRBがCP買取制度導入発表、欧米6カ国中央銀行協調利下げ、FRBがウェルズ・ファーゴのワコビア買収承認、英国政府が大手3行に5兆円規模の資金注入発表、米政府が7行動計画（資金注入等）発表、スイス国立銀行がUSB支援策発表、オランダ政府がING支援策発表、政府が大手6行に1・2兆円規模の資金注入発表、バイエルン州立銀行が資金注入申請 08・11　独コメルツ銀行が資金注入申請、米政府AIGへの支援拡大（資金注入）、米政府がシティへの資金注入・政府保証発表 09・1　米政府がBOAへの資金注入・政府保証発表、仏政府が大手6行へ追加資金注入発表 09・2　72兆円規模の米経済再生・再投資成立、米政府が住宅対策発表、独金融機関の国有化案閣議決定 09・3　イングランド銀行が中長期英国債等資産買取発表、FRBが29兆円規模の米国債買取実施発表 09・4　第2回金融・世界経済に関する首脳会合において首脳声明発表 09・5　ECBがカバード・ボンドの買取等を発表、独政府がバッド・バンク創設案発表 09・6　米政府が金融危機再発防止に向けた金融規制改革案発表
資金注入・国有化	08・09・30　ベルギー・アクシアに公的資金注入 08・10・13　英国政府が大手3行に5兆円規模の資金注入発表 08・10・14　米政府がG7行動計画（資金注入等）発表申請 08・10・20　仏政府が大手6行に1・2兆円規模の資金注入発表 08・10・21　バイエルン州立銀行が資金注入申請 08・11・03　独コメルツ銀行が資金注入申請 09・11・10　米政府AIGへの支援拡大（資金注入） 08・11・23　米政府がシティへの資金注入・政府保証発表 09・01・16　米政府がBOAへの資金注入・政府保証発表 09・01・21　仏政府が大手6行へ追加資金注入発表 09・02・18　独金融機関の国有化案閣議決定

（出所）　筆者作成.

年7月には米国でインディマック銀行が破綻するに至った[2)3)].

2009年8～9月以降の伝播・拡散段階では，金融マーケット全体の急速な麻痺が生じた．投資銀行の多くは証券化投資の資金をレポ市場で調達していたが，証券化商品の低下やレポ市場でのヘアカット率（担保証券の市場価格と調達可能額の割合）の上昇で，資金繰りが急速に悪化した．資金繰りに苦しむ投資銀行等の証券化商品の投げ売りによって資金繰りがさらに雪崩を打って悪化した（白川2008）.

店頭デリバティブ市場は，リーマンショック前は事実上無担保市場であったが，経営の悪化が噂される投資銀行等に対して，証拠金の積み増しや資金回収を行う動きが加速度的に生じた．また，レポ市場における最終的な資金供出者であるMMFも信用不安の高まりから証券化商品の投げ売りをせざるをえない状況に追い込まれた．いわゆる“Dash For Cash”が金融市場を通じて急速に伝播したため，「市場型のシステミック・リスク」の発生といわれる.

ちなみに，リーマンショックの展開を日本の朝日新聞のキーワードで観察すると，2008年9月のリーマンの破綻時に急激に危機意識が高まり，その後は鎮静化を辿っている（後述図4-3）．日本国内においては，リーマンショックの受け止め方は一過性で，金融市場の危機も発生していないことがうかがえる[4)].

2. 金融危機の背景にあるレギュラトリー・アビトラージ

リーマンショックの進行に際し，金融機関の規制回避行動が金融危機の拡大につながった可能性が指摘されている（日本銀行「金融システムレポート」，宮内2015）．具体的には，米国の金融機関の短期ファイナンスは資本賦課が免除さ

2)　米国・インディマック（Indy Mac Bancorp）は2008年7月に破綻．インディマックは住宅資金融資のウェイトが大きくローンの焦げ付き多発が破綻原因であったが，破綻時に取り付けが発生した.

3)　2007年央以降欧州の金融当局から平成金融危機時における日本のプルーデンス対応についての問い合わせが急増した.

4)　リーマンショック時における，ネット空間のビッグデータを用いて，海外メディアの報道，市場関係者の反応，各国CDS等の関係を相互に観察することができれば，連関度合いを計測できるはずであるが，今後の課題としたい.

れていること，日中信用調達も自己資本賦課が免除されていること，などの規制自体が結果的に危機の進行を推し進めたという主張である．すなわち，宮内（2015）では，「規制や会計制度によって生ずるインセンティブの歪みが，金融機関のレギュラトリー・アビトラージを惹き起こし，結果的にリスクテイクの偏在と不十分な自己資本水準につながった」と述べている．

金融機関・金融市場に新しい規制をかけると，新しいレギュラトリー・アビトラージが発生しリスクの新しい偏在も起き，いうなれば「いたちごっこ」が延々と続いていくことになる．

3. 当局の監督・検査能力

リーマンショック時においては，監督当局の監督・検査機能の低下がショックの原因の一つだとして，監督当局に対する批判も多発した．監督当局の監督機能が低減した原因について，金融工学を駆使した技術革新に，金融当局の検査・モニタリング・監督・規制能力が追いつけなくなったからではないか，との見方も指摘された．

グリーンスパン元FRB議長の“The Crisis”（Greenspan 2010）に「監督・検査当局が金融機関や金融市場の新たな問題を予想する能力に懸念を抱いていた」旨の文章がある．かつての米国の金融当局トップのコメントだけに，それなりに重いものがある．

“The Crisis”におけるグリーンスパンのプルーデンス関連の主張を見ると，まず，米国の金融機関の業務の国際化をうけて，（米国の金融機関の）与信先であるロシアの銀行の信用度を米国の検査官が的確に判断できるだろうか，と業務の拡大・国際化に伴う監督・検査の限界に言及している．次に，脚注における記述ではあるが，かつてグリーンスパン自身がJPモルガンのボードメンバーであったことに触れ，JPモルガンのときの方が，FRB議長のときよりも，シティやBOA等の取引先の経営情報を詳細に把握することができていた，と記述している．

監督・検査当局がいかに優れた人材・ノウハウを保持していても，新種商品のリスク偏在のあり方に最初に気づくのは，新種商品を開発し運用する金融機関の担当者・管理責任者・経営者であり，監督・検査当局が新しい商品のリスクの偏在を把握し対応するまでには，かなりのタイムラグがあり，また検査等で得られる情報にも自ずと限界があるというのが実感である．監督当局や中央銀行の監督・検査部署は広い意味での官僚組織の一部を構成しており，自ら監督・検査の効果は十分ではないと公言しにくい立場にあるという点も考慮する必要があろう．グリーンスパンの“The Crisis”での発言は引退後の本音が吐露されているのではないかと思える[5]．

4. リーマンショックに対する政策対応

リーマンショックに対する当局の政策対応とその効果を平成金融危機時の考察の際に検討した政策メニューと対比して考察してみる．いわゆるトリガー段階では，各国中央銀行による市場金利の引き下げと流動性の大規模な供給がなされている．これは平成金融危機の初期段階の政策対応に相似している．また，2008 年 3 月には投資銀行ベア・スターンズが経営危機に陥り，当局の陰からの働きかけもあって，JP モルガン・チェースが救済買収しているが，これも平成金融危機の初期段階で多く見られた当局主導による金融村の共同体的な考えに基づく救済合併と底流するものがある．

平成金融危機の場合は，平成金融危機がピークを迎える 2 年前に，住専問題が発生，住専に対する公的資金注入をめぐって，住専と関連金融機関責任者への責任追及の世論が沸騰した．そうした背景もあって金融危機がピークを迎える 1997 年 11・12 月前に，破綻した金融機関経営者やその融資先の責任者への

5）筆者は日本銀行考査局（現金融機構局）で金融機関考査（金融機関検査）の企画総括の責任者を経験したことがある．1990 年代央の段階でデリバティブ商品のリスク把握を企画し，大手金融機関への立ち入り検査も自ら実践したが，事前に入念に準備しつつも，基本的には検査先の先端金融工学知識を探りながら，リスク偏在のあり方を把握することになった（検査先から教わった部分も大きい）．

民事・刑事の責任追及の動きが現実のものとなっていた.

なお，平成金融危機時において金融機関破綻処理を現実的に可能とする預金保険制度が確立されたのは1996年であったが，リーマンショック時の米国ではすでにFDICが金融機関破綻処理可能な実施部隊として存在したものの，欧州においては実質的な破綻処理を遂行できる国は存在していなかった.

2008年9月のリーマン破綻以降は，危機の局面が一気に伝播・拡散の段階に入っているが，この時期には，流動性供給目的での投資銀行の銀行子会社化と並び公的資金注入が数多く発動された．この緊急措置としての公的資金注入はある程度「効いている」ように観察される（図4-3）．いわば各国の当局が最も効果的と考えた「特効薬」を打ち，金融市場の崩壊を食い止めたといった状況だったと考えられる.

一方，公的資金注入等の政策対応に対し，欧米では世論の怒りが沸騰したが，平成金融危機の際とは違い，救済された大規模な金融機関（投資銀行・保険会社を含む）の経営者が刑事・民事訴追を受けることはなかった．平成金融危機

図4-3　リーマンショック時の金融危機ワード群の推移

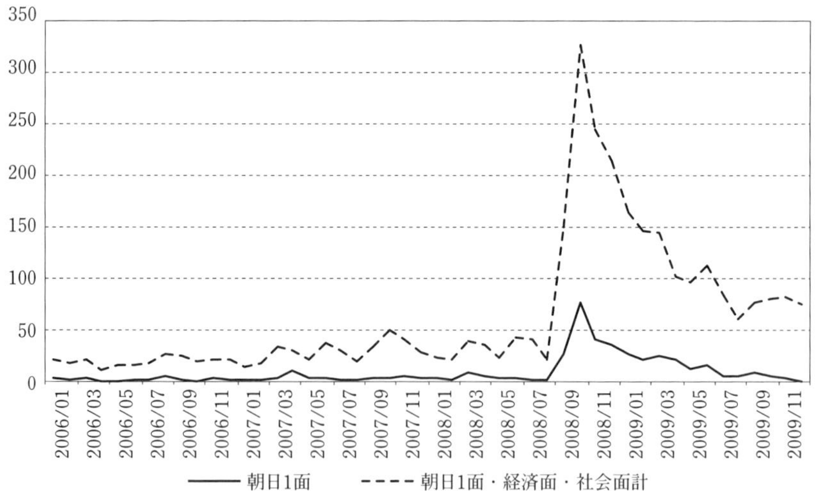

（出所）朝日新聞記事をもとに筆者作成.

とリーマンショックのこの差（経営者責任追及の有無）がその後の処理制度の議論に大きな違いをもたらしたと考えられる．

リーマンというハブ投資銀行を破綻させたことは，収拾に多大のコストをかけることにつながった．正に「金融システム全体の機能は（中略），ハブと呼ばれる取引の集中している規模の大きな金融機関の少数の破綻によって損なわれる蓋然性が高いということになる．（中略）ネットワークの核となるハブ金融機関の破綻を回避するため，あるいは破綻したとしてもその機能が維持されるよう，いくつかの内外の金融危機において，金融当局は資本注入や一時国有化などによりハブ金融機関の機能停止を回避しようとした」（田邉 2009）のである[6]．

6） Kindleberger（2011）では，リーマンショックを「避けられた恐慌」としたうえで，米国当局がベア・スターンズに続きフレディマック，ファニーメイを救済したにもかかわらず，市場の重要なプレーヤーであるリーマンを破綻させたことで，当局の方針に対する深い疑念が市場に生じた点を重視している．

第5章　取り付けの多様性

1. 豊川信金事件

(1) 取り付けの背景

1973年12月13日から17日の間に愛知県豊川市で発生した取り付け事例．3人の女子高生の登校途上での会話が発端となった事件で，3人のうちの1人が豊川信金に就職が内定しており，その他2人が内定をもらえていなかった嫉妬からか「信金は危ないとの噂があるよ」と発言し，内定をもらっていた女子高生が帰宅後家族に「信金は危ないとの噂があるよと言われた」と相談．家族がクリーニング店等で話をしたことから噂が広まり，取り付けに発展したものである．非合理的行動による取り付けであるが，当時の石油ショックによるインフレ進行等社会不安の増大が背景にあったと考えられる．

12月13日から17日までの間に引き出された預金高はおよそ20億円，延べ人数（口座数）は6,600に達した．

この事件の経緯については廣瀬權氏の「豊川信用金庫小坂井支店取り付け騒ぎの捜索」『捜査研究』2008年3月号に詳細に記録されている．廣瀬氏は自身が愛知県警察本部捜査二課長としてこの捜査を主担され，のちに大阪府警本部長，預金保険機構理事を歴任された方である．警察当局がこうした捜査を行うのは，仮に意図的なデマにより取り付けが発生した場合，刑法第233条「信用毀損及び業務妨害罪」(「虚偽の風説を流布し，又は偽計を用いて，人の信用を毀損し又は業務を妨害した者は3年以下の懲役又は50万円以下の罰金に処する」）に当たる場合があるからである．

当時，豊川信金の経営内容には全く問題はなかった．取り付けが始まった翌14日付で，東海財務局長，日本銀行名古屋支店長連名により，「豊川信金の経営内容に問題はない」旨の公告が豊川信金各店舗に張り出されている．

(2) 取り付けの経緯

発端は，12月8日，仲の良い高校3年の女子学生3人が，登校途中の列車（旧国鉄飯田線）内で交わした冗談であった．3人とも就職希望であったが，この時期，内定していたのは1人で，その内定先が豊川信金であった．決まっていない2人が，やっかみ半分に，「信金は危ないのではないか」と言った（「信金」と言ったので，「豊川信金」とは言っていないとのことである）．言われた女学生は，家に帰って下宿先の叔母さんに，「信金は危ないと言われた．本当かしら」と相談した．石油ショックで世の中が騒然とするなかでもあり，叔母さんは，大変心配して自分の祖母に話す．その祖母は行きつけのパーマ屋で話す．パーマ屋は，当時は女性の井戸端会議所であった．パーマ屋のお客さんに伝わる．範囲が拡大する．クリーニング店の奥さんにも伝わり，この過程で「豊信は危ない」という噂は巡り巡り，同じことを何度も聞く人もいたりして，鬱積していった（廣瀬 2008）．

最初の預金引き出し者は12月13日たまたま外出時に，商売上現金が必要なことに気づき，クリーニング店の電話を借りて，家人に「豊信から金を下ろすよう」頼んだ．電話を借りた本人は，豊川信金についての噂は知らなかったようで，「豊信が危ないなどと考えたこともない」と後日のヒアリングに答えている．電話を貸したクリーニング店の奥さんは「電話の話を聞いてしまった．この付近では豊信が危ないという噂でもちきりだった．そこへ私の家の電話を借りてまで『金を下ろせ』と言っている．他人の家の電話を借りてまでして，

表 5-1 豊川信金小坂井支店取り付け騒ぎの経緯

発生日時	メディア	動向及び対応状況
13 日（木）午後	15 日（土）中日朝刊	同夕から一部預金者約 60 人が小坂井支店に詰めかけ，約 6,000 万円の預金を下ろす．
14 日（金）早朝	中日朝刊	支店側，現金を多めに用意して引き出しに備えるとともに，正面玄関に「預金者に説明します」の張り紙を出す．
9:00	中日朝刊 毎日朝刊	支店の開店と同時に 100 人を超す預金者が殺到，払い戻しを要求して大混乱．豊川署へ救援を要請，同署は署員数名を派遣して整理に当たる．
12:00	朝日朝刊	約 300 人が支店へ押しかける．本店と他の 8 支店にも詰め掛ける．
15:00	中日朝刊	15:00 の閉店以後も引き出しに応じる．東海財務局，日本銀行の係員も駆けつけ説得したが，預金者は聞き入れず引き出しを続ける．東海財務局の指示に従って，全国信用金庫連合会や東海銀行などから計 10 億円の送金を受け，引き出しに対応．
16:20	中日・毎日・朝日朝刊	「支店内やカウンターの中まで押しかける預金者たち」等のキャプション付きの写真が掲載されている．
19:00	中日朝刊	金庫役員，本店に東海財務局次長，日本銀行調査役を招いて緊急役員会議開催．株主総代・大口預金者に「健全性」を強調してもらうことなどを決める．
23:00	中日朝刊	9 店舗で計 4,910 人，14 億 6,640 万円が払い出された．（うち小坂井支店は，1,000 人 4 億 9 千万円．本店 150 人 1 億 7,140 万円．豊川牛久保支店 1,020 人，3 億 4 千万円．豊川諏訪支店 1,400 人，1 億 6 千万円．）愛知県警は，総動員態勢．刑事部は信用毀損業務妨害の疑いで捜査開始．防犯部（現生活安全）は現金輸送の警備，ひったくり事案や盗難の防止．警備部は騒ぎによる混乱の防止にあたった．
15 日（土）正午	中日・毎日夕刊	「落ち着きを取り戻す」「新聞を見て安心した」の見出し．預け入れの客が目立ち始め，沈静化．解約した 100 万円を再預金する商店主もあり，それを見て解約をとりやめる人もいて，支店職員を感激させた．デマの出所については，まだ十分な証拠がなく，確認が取れない．県警が真相究明班（捜査第二課，豊川署で 50 人体制）を設けた．
16 日（日）	中日・毎日朝刊	「発端は冗談だった」「電車内の話に尾ひれ，口コミで瞬く間に広がる」うわさを聞いて，悪意のデマを流した可能性もあるので，ひき続き捜査を続ける．15 日夜になって「女高生の冗談から」であったことがわかった．県警は 16 日から女高生らの冗談がデマの発端であることの裏付けを捜査し，刑事事件としての捜査を打ち切る．
17 日各紙		女高生の就職話に端を発したデマのルートを詳しく報道．13 日から 17 日までの間に，本・支店から引き出された預金額はおよそ 20 億円，口座数およそ 6,600 であった．

（出所） 廣瀬（2008）から筆者加工．

急いで下ろそうとするのだから，ただごとではない．始まったと思って，仲の良い奥さん連中に知らせた」と言う．主婦が一斉に信金に走って取り付けが始まった．

「そら，始まった」，「豊信は危ないというのは本当だった」，「皆に知らせなくてはいけない」と噂が急拡大し，聞いた人は「わざわざ教えてくれたのだから，無にしてはいけない」と，知人に知らせながら引き出しに走った．流言の発生・成長となった．この過程で「危ないらしい」という話は，「危ない」，「つぶれる」，「もうあそこのシャッターは上がるまい」と「成熟」していった（廣瀬 2008）．

この事件は廣瀬権氏が「被疑事実なし，被疑者なしである．それどころか登場するすべての人が善良なまじめな人たちである．それでも流言は起き，取り付け騒ぎとなる．人間社会のもろさを目の当たりにするようであった．」としているとおり，悪意によるデマによるものではなかった．

(3) アマチュア無線家の検挙

本筋では被疑事実なし，被疑者なしであったが，この件で，電波法違反の検挙があった．アマチュア無線家が，免許を受けずに無線局を開設し，無線仲間に「豊川信金で預金の引き出しが始まる」と流したのをとらえたものだという．これが流言の加速，増幅にどれだけ影響したかはわからないが，口コミだけではなく，アマチュア無線が介在していたことは注目された．

2. 佐賀銀行事件

2003年12月，クリスマスメールが発端で発生した取り付け．1日で10万先を超える先にメールが拡散し，取り付けに発展したものであり，インターネット時代の取り付けの怖さが現実化したものといえる．この事件も非合理的行動による取り付けである．

(1) 取り付けの経緯

2003（平成15）年12月25日午前2時頃，佐賀県在住の当時23歳の女性が友人から「佐賀銀行が26日につぶれるらしい」という話を電話で聞き，26人の知人らに次のメールを送った．

【佐賀銀行事件で流言の発端となったメール】

> ＞緊急ニュースです！某友人からの情報によると26日に○○銀行がつぶれるそうです！！預けている人は明日中に全額おろすことをお薦めします（；-_-＋一千万円以下の預金は一応保護されますが，今度いつ○○銀行が復帰するかは不明なので，不安です（・_・|　信じるか信じないかは自由ですが，○○は不安なので，明日全額おろすつもりです！○○は，もう○○銀行から撤退したそうですよ！
> 以上，緊急ニュースでした！！素敵なクリスマスを☆彡

受信した人たちがさらに別の知り合いに電話・メールするなどしたことにより瞬く間に情報が広がり，不安に駆られた預金者が12月25日昼頃から預金の引き出しのために佐賀銀行の窓口・ATMに並び，長蛇の列ができ，一日で通常の2倍の180億円（総額で450億～500億円）の預金が引き出された（佐賀銀行 2004）．

(2) 取り付けの背景

取り付け発生当時（現在も），佐賀銀行は九州地区における最も健全な金融機関の一つであった．その佐賀銀行で取り付けが発生した背景には次のようなことが考えられる．

一つは，佐賀銀行の有力な融資先である松尾建設が53歳以上の社員を対象とした早期退職制度の導入を公表したことである（2003年3月）．このリストラは各新聞でも一斉に報道されたため，佐賀県民はメインバンクの佐賀銀行に対しても一抹の不安を感じた可能性がある．

もう一つは，県内で中小事業主を対象に共済事業と貸し付け事業を行ってい

表 5-2　佐賀銀行取り付け騒ぎの経緯

発生日時	動向および対応状況
2003年12月24日 午前2時	佐賀県在住の女性が「佐賀銀行が破綻する」旨のメールを26人の知人に送付
12月25日午前	メールを受信した知人が各々の知人・友人にメールを拡散 佐賀銀行本・支店窓口・ATMに人だかりが発生，取り付けが始まる
14時	佐賀銀行が問題のメールを入手
17時45分	佐賀銀行が自行の信用を著しく失墜させたとして容疑者不詳のまま「信用毀損および業務妨害罪」（刑法233条）で，佐賀県警に刑事告発
18時前	佐賀銀行頭取記者会見
この間16時～20時	網輻輳が発生．佐賀県内で携帯電話・携帯メールがつながりにくい状況となった
18時過ぎ	村上和也福岡財務支局長緊急コメント ・メールにあったような事実は全くない ・佐賀銀行の経営内容，健全性，資金繰りに問題はない ・預金者は冷静に対応してほしい
2004年2月17日	佐賀県警，最初にメールを発信した女性を書類送検
2004年9月9日	佐賀地検，「犯意を認めるに足る証拠がない」として不起訴処分

（出所）　佐賀銀行（2004）等から筆者作成．

た佐賀商工共済が2003（平成15）年8月，当時県議会議員の水田唯市が在職し，監督官庁が佐賀県であったにもかかわらず破綻したことで，積立金の返還が不可能となった県民が多く発生したことである．

佐賀銀行取り付け事件はデマメールによる非合理的なものであった．当事件の最初の発信者は，翌年2月に書類送検されたものの，犯意不十分として不起訴処分になったが，最近のSNSの急速な拡大を考えると，チェーンメールやSNSによるデマの拡大に対して，刑法233条の加重化のみならず，メール・SNS時代に則した新たな法規制を考えるべき時期に来ているといえよう．

3. 木津信用組合の預金取り付けと破綻

(1) 破綻に至る経緯

木津信用組合（以下，木津信組）は1953年，大阪市内の木津卸売市場の商人たちが設立．当時の木津信組の理事長は鍵弥実であった．木津信組は，事実上鍵弥実によって私物化されていた．鍵弥はバブル期に大口融資規制を逃れるため，「賽業ファイナンス」など系列ノンバンクを通じた不動産融資や「街の金融業者」への融資，グループ内企業への乱脈融資を行った．この規模の融資をカバーするため，預金量も急増させた（1989年度末3,125億円→1995年度末1兆2,000億円）．

木津信組は資産家や金融業者などのセミプロを預金者ターゲットに，預金金利の高さを売り物にした．当時は，高い預金金利こそ資産家たちの投資先決定の最大要素であった．木津信組は，高い預金金利を売り物に大々的に預金セールスを展開した．この頃の都銀などのスーパー定期預金金利（一年物）は，0.5%（1千万円未満）～0.6%（1千万円以上）が主流であり，1%を超えるケースは極めてまれであった．これに対し木津信組は2.0%（1千万円未満）～3.0%（1千万円以上）を付利していた．都銀などの実に4倍から5倍の高金利である．木津信組の破綻と取り付けについては，当時日本銀行大阪支店業務課長として，最前線で対応した渡辺孝の「不良債権はなぜ消えない」に詳細に記録されている．本件には筆者も東京の日本銀行本店信用機構局で間接的に関わっていた．

(2) 取り付けの様相

1995年7月末，同様の高金利で営業を拡大していたコスモ信組（東京）が破綻した．8月28日，監督官庁の東京都（当時は信用組合の監督は都道府県が担っていた）が，破綻処理策として大蔵省・日本銀行の方針の下，預金金利引き下げを要請した．このことが木津信組の預金者を動揺させ，預金解約が急増することになった．大阪府は，大蔵省，日本銀行の方針を受けて，木津信組の業務停止命令を8月30日（水）午後7時としたが，30日午後1時半，日経クイックや共同通信が「木津信組業務停止」と報道を流し，木津信組の約30店舗に預金者が殺到し始めた．取り付けは深夜になっても止まらず，8月31日（木）には早朝から木津信組の店舗に長蛇の列ができた．在阪テレビ局が現場中継していたことも混乱を加速させたように思う．窓口で職員に詰め寄る預金

表5-3　木津信組の取り付けの時系列表

日時	動向および状況
1995年 7月30日	コスモ信組（東京）が破綻．コスモ信組は木津信組同様，通常より4～5倍高い高金利で預金「マンモス」を集めていた．
8月28日	東京都（コスモ信組の監督官庁）がコスモ信組破綻処理に当たり，通常よりはるかに高い金利分は預金者へ返済しない（保護しない）方針を打ち出し． ＊例えば3%の金利が付いていた高金利預金「マンモス」に預けていた預金者の場合，3%の金利分のうち0.5%程度の金利分については保護するが，残りの2.5%分については保護対象外とする方針を打ち出した．この東京都の方針は，大蔵省，日本銀行の意向を反映したものであり「市場の通常金利よりはるかに高い金利分まで保護することは，預金者のモラルハザードを助長するのでは」との懸念に基づくものだった． 末野興産が350億円の預金引き出し．
8月29日	木津信組の預金者は，通常より高い金利分は，破綻時にはカットされるのではとの妄想を抱き，預金解約に走った．
8月30日	大蔵省，日本銀行，大阪府は，8月30日午後7時に木津信組の業務停止命令を出す方針を確定．
8月30日 午後1時半	日経クイック，共同通信が「30日午後7時，木津信組が業務停止命令を受ける」旨の報道．
8月30日 午後2時	木津信組各店舗で取り付けが始まる．
8月31日	木津信組理事長から日本銀行大阪支店に現金不足が顕著である旨の電話連絡．
8月31日 午後4時	日本銀行は木津信組に対して，無担保特別融資（旧日本銀行法25条）を開始決定．本店から大阪支店に連絡．
8月30日～ 9月1日	日本銀行大阪支店から木津信組への預金搬送額は約5,000億円．預金輸送車だけでは足りず，非常用の乗用車，マイクロバスも使い輸送．

（出所）　筆者作成．

者が多く「わしらのカネどないしてくれんねん！」「はよカネ返さんかい，このどアホ！」といった罵声や怒号が飛び交っていた．カウンターに駆け上がる者，預金者に土下座する職員，といった光景が次々と画面に映し出された．

8月30日（水）から9月1日（金）の3日間に数万人の預金者が窓口に殺到，預金解約額は約2,500億円（預金量の約2割）にのぼった．旧日本銀行法25条[1)]の「日本銀行特融」を実施したうえ，日本銀行から木津信組への現金輸送額は延べ約5,000億円にのぼった．通常の現金輸送車では間に合わず，非常用の乗用車やマイクロバスも駆り出して対処した（渡辺2001）．

9月29日，大蔵省の特別検査により木津信組の不良債権は1兆1,900億円，総資産の91％と判明した．この木津信組の損失率（不良資産÷総資産）は戦後破綻したすべての金融機関の中でも最大である．

(3) 木津信組取り付けの留意点

(a) 銀行券の搬送ネックが表面化したこと

木津信組の取り付けに関しては，8月30日，31日，9月1日の3日間で，5,000億円を超える銀行券を日本銀行大阪支店から木津信組へ送付する必要があった．木津信組所有の現金輸送車では対応できず，日本銀行車両も使用することとなった．日本銀行大阪支店では，通常銀行券搬送に用いる現金輸送車に加えて，非常用4WD，バンも駆り出して対応した．大阪支店は日本銀行の最大の支店であったが，対応が難しかった．

この銀行券の搬送ネック問題は，平成金融危機のピーク，1997年11月12月の全国的な取り付けの際，さらに重大な問題を惹起することになる．

(b) 預金者行動のコントロールが難しかったこと

木津信組の預金者は，高金利を念頭に置いた「プロ・セミプロ預金者」が多かった．バブル期の大阪の不動産王と呼ばれた末野興産も350億円以上の預金を預けていた．預金者の取り付け行動は凄まじく，木津信組の職員で骨折の大けがを負う者も出た．カウンターを乗り越えようとした預金者も数多く，木津信組の窓口は大混乱に陥った．取り付けのピークであった8月30日～9月1日の間に1億円の銀行券が消失するという事件も起きている．

昭和金融恐慌の際には，まだ十分に銀行券はあると預金者に見せて安心させ

1）旧日本銀行法25条は「日本銀行ハ主務大臣ノ認可ヲ受ケ信用制度ノ保持育成ノ為必要ナル業務ヲ行フコトヲ得」と定めていた．大蔵大臣の認可を受ければ，無担保でも日本銀行貸出ができるという趣旨．

るため，カウンターから見える場所に大量の預金をわざと積んでおくという「見せ金」の手法が多く用いられたが，こうした手法は使えないことを思い知らされた．

(c) 強盗リスクが顕現化したこと

木津信組の取り付けに際しては，大量の預金を引き下ろした預金者が，少し離れた場所で強盗に合うという事件が生じた．全貌を把握しているわけではないが，後日，預金保険機構の大阪業務部長を務めた際，大阪府警本部から出向して来ていた部下から，「未遂を含め複数件発生した」という話を聞いたことがある．米国のFDICは破綻金融機関の預金引き下ろしの際，預金での引き下ろしは一人2,000ドルまでとして，それ以上は小切手によっているが，大量の現金を引き下ろすこと自体，犯罪に遭遇するリスクが付随していることを覚えておく必要があろう．

なお，木津信組の鍵弥元理事長および木津信組の役員数名と借り手の一部は，背任と詐欺で刑事告訴された．鍵弥元理事長に対しては，第一審・控訴審ともに懲役実刑判決が下されている（西畑 2012）．

4. 英国，ノーザン・ロック銀行の取り付け

(1) 取り付けの経緯

ノーザン・ロック銀行は，英国の北部を拠点（本店はニューキャッスル）とし，英国5位の住宅ローン残高を有する銀行であった．1965年に，ノーザン・ロック建築貸付組合として創業したが，1997年に銀行に転換している．国有化直前で職員数は約6,000人，支店は北東部を中心に72店舗を有していた（うちロンドンには4店舗）．預金保険機構では，定額保護下での破綻処理事例の事例を探るために出張して調査を行ったものである（赤間 2009）．

ノーザン・ロック銀行の総資産は，住宅ローンを中心に，1997年から2006年末までの間に6倍となり，1,000億ポンド（約14兆円）に達した（総資産に

占める住宅ローンのウェイトは9割弱）.

しかしながら，資産拡大に伴い，資金調達面では，市場性資金への依存が急激に高まる結果となった．同行は，1999年に証券化を開始した後，2004年にはカバード・ボンド（社債のうち住宅ローン債権等の資産の裏付けがあるもの）による資金調達を開始した．このため，カバード・ボンドを含む広義の市場性資金の調達が資金調達総額に占める割合は，約6割にまで達することとなった．この間，リテール預金の総資金調達に占める比率は，1997年の6割強から，2006年には2割強まで低下している．

ノーザン・ロック銀行の資金調達において市場性資金のウェイトが高まっていくなかで，2007年8月上旬にサブプライム・ローン問題が顕現化すると，同行の資金繰りは急速に悪化していった．

9月上旬頃には，ノーザン・ロック銀行の資金繰りが限界に達したため，金融当局（英国財務省，英国金融サービス機構（FSA），イングランド銀行（BOE））は，同行向けの緊急融資を決断するに至った．問題だったのは，同支援策が事前にリークされてしまったことである．金融当局は，ノーザン・ロック銀行への流動性支援を9月17日（月）に公表する予定であったが，13日（木）の午後には，金融市場で噂が広がり始めたほか，13日夜8時半のBBCニュースで報道されてしまった．同日の夕方には，インターネット上などで預金の引き出しが始まった．こうした状況に対し，14日（金）の早朝，金融当局は，急きょノーザン・ロック銀行は健全な資産と十分な資本を有すると表明したが，週明けの17日（月）には，店頭に預金者の長蛇の列が出来て，取り付けが始まった．このため，同日財務省は，コモン・ロー・パワー（Common Law Power）に基づいて，同行の預金全額保護（既存の預金のみが対象）を表明するに至り，取り付け騒ぎは収拾した．コモン・ロー・パワーとは，英国の大臣に付与されている権限で，法律上明文的に禁止されていない事項について，議会が異議を唱えない限り，緊急措置を講ずることができるものである．

預金引き出しの多くは，インターネットやテレフォン・バンキングを通じて行われた．店頭前にできた預金者の列は，預金者へのセンチメントという意味では，大きな影響力を持ったと思われる．後で詳しく述べるように，預金の保護範囲が限定的であったことや，預金保護範囲が預金者に十分周知されていなかったこと等から，預金者の長蛇の列は，メディアを通して預金者を駆り立てることとなった．銀行が破綻した際，店頭前に預金者の列が形成されることを防止することは，悪循環を食い止めるという意味でも重要であることが，再確認された．

英国金融当局は，2007年9月中旬に，ノーザン・ロック銀行に対し，流動性支援や預金全額保護（既存の預金のみが対象）を実施した後も，同行からの要請を受けて，追加的な流動性支援や債務保証を行った．

英国には従来，銀行特有の破綻処理の仕組みがなく，銀行の資産負債承継（Purchase & Assumption: P&A），国有化，ブリッジ・バンクといった手立てを有していなかったため，1年間の時限立法（Banking（Special Provision）Act 2008）に基づいて，同行を国有化している．

(2) 英国における取り付け

英国において，ノーザン・ロック銀行以前に預金取り付けが発生したのは，1878年であった．1878年12月，不正取引等を背景に破綻したグラスゴー・シティ銀行（City of Glasgow Bank）の破綻が波及する形で，多くの銀行に対して預金取り付けが生じた．その後，米国の大恐慌時の不況期，BCCIの破綻（1991年），ベアリングの破綻（1995年）においても，預金取り付けは発生していない．英国内では実に130年ぶりの取り付け発生であったわけである．

このことは，「取り付け」の発生度合いが国や国民性においても大きく異なっていることを意味している．英国や米国と比べ，日本は「現金＝銀行券」選好が極めて高く，それだけ取り付けが発生しやすい．いわば「取り付け大国」ということができる．

なお，ノーザン・ロック銀行破綻まで，英国では金融機関破綻処理の制度が未整備であった．ノーザン・ロック銀行破綻時の前後に，英国政府，議会関係者，駐日英国大使館のメンバーが預金保険機構を訪問し，平成金融危機時の日

表5-4　ノーザン・ロック銀行の取り付けの経緯

日時	動向および対応状況
2007年 8月13日	ノーザン・ロック銀行がFSA（金融サービス機構）に対し，金融市場の機能不全が続けば，資金繰りに窮する危険性があることを連絡.
8月16日	ノーザン・ロック銀行の頭取とBOE総裁が，電話で流動性支援の可能性について協議.
8月29日	FSAが財務省に対し，ノーザン・ロック銀行が重大な流動性危機に陥りつつあることを書面で通知.
9月3日	財務大臣，FSA長官，BOE総裁がノーザン・ロック銀行の問題について協議.
9月13日	BBCが，BOEのノーザン・ロック銀行に対する流動性支援計画を報道．夕刻からノーザン・ロック銀行の預金が引き出され始める.
9月14日	BOEがノーザン・ロック銀行に対する流動性支援を発表．ノーザン・ロック銀行の店頭に預金者の列ができる.
9月19日	財務省がノーザン・ロック銀行の預金全額保護（既存の預金のみ）を発表.
10月9日	財務省がノーザン・ロック銀行の預金保護範囲の拡充を発表．新規に取り入れる個人預金を保護（ノーザン・ロック銀行は保証料を支払う必要）.
10月9日	BOEがノーザン・ロック銀行に対する追加的な流動性供給枠（政府保証付き）を発表.
2008年 1月21日	財務省が，民間売却を促進するため，ノーザン・ロック銀行の資産売却に政府保証を付するスキーム（ノーザン・ロック銀行は保証料を払う必要）を発表.
2月17日	財務省がノーザン・ロック銀行の国有化を発表.

（出所）各種資料を基に筆者作成.

本の破綻処理の制度について詳細なヒアリングを行った.

預金保険機構サイドから「詳細な資料は英訳されていない」旨を説明したところ，「英訳は駐日英国大使館のスタッフ等が行うので，日本語の文献でよいのでできるだけ詳細に教えてほしい」と言われた記憶がある．やや皮肉なことだが，平成金融危機を経て，日本は「金融機関破綻処理制度の最先進国」になっていたということかもしれない.

5. 米国，インディマック銀行の取り付け

(1) インディマック銀行のビジネスモデルの破綻の背景

2008年7月に，米国カリフォルニア州のインディマック（IndyMac）銀行が破綻した．米国史上第2位の規模の銀行破綻（当時）であった．預金保険機構では，インディマック銀行の破綻処理の実務調査を主目的に，9月下旬に米国への出張調査[2]を実施した．この出張は，定額保護下での破綻処理の実態を調査することが目的であり，2010年9月10日に破綻した日本振興銀行の処理には，大変参考になった．

9月に入ってファニーメイ（FannieMae），リーマン・ブラザーズ，AIGの救済・破綻が相次ぎ，出張中にもワシントン・ミューチュアル（Washington Mutual），ワコビア（Wachovia）への銀行救済・公的資金注入が続いた．世界の金融市場および米国議会が未曽有の大混乱を示すなかでの出張であったが，破綻の現場近くでの調査は貴重な情報をもたらしてくれた．

インディマック銀行は元来モーゲージを専業としていたが，2000年に貯蓄金融機関を買収し，Thrift（貯蓄金融機関≒銀行）免許を取得．破綻直前の総資産は320億ドル（3兆円強：当時の為替レートで計算），総預金191億ドル（2兆円弱）の規模であった．本店はパサディナで，ロサンゼルスを中心に33店舗を有していた．

インディマック銀行の「主商品」であるモーゲージは比較的ハイリスクであるがリターンも高い資産であるため，より高利回りの商品を組成したい証券化業者の引き合いが強く，オーバーパーで販売できることもあった．だがハイリスク証券化商品に対する需要が急減した2007年夏以降，当銀行は一気に経営困難に陥った．

OTS（貯蓄金融機関監督局＝インディマック銀行の監督官庁）とFDIC（連

2）　出張者は，日本銀行から預金保険機構に出向していた玉木伸介氏（現大妻女子大短期大学部教授）および，財務省から預金保険機構に出向していた河上洋右氏（現双輝汽船社長）であった．

表 5-5　2008 年米銀大規模 3 行の破綻・救済

	インディマック (IndyMac)	ワシントン・ミューチュアル (Washington Mutual)	ワコビア (Wachovia)
破綻日・救済日	7 月 11 日（金）	9 月 25 日（木）	9 月 29 日（月）
承継金融機関	（資産を分割・売却）	JP モルガン・チェース	ウェルス・ファーゴ
預金	付保：全額保護 非付保：50%概算払い	全額保護	全額保護
その他の債務（適格金融契約）	保護対象外（保護）	保護対象外（JP モルガン・チェースが承継）	すべて承継
FDIC の損失見込	89 億ドル	0 ドル	0 ドル
総資産額	320 億ドル	3,070 億ドル	8,124 億ドル
預金額	190 億ドル	1,883 億ドル	4,478 億ドル
本拠／支店数	カリフォルニア州パサディナ／ 33	ワシントン州シアトル／ 2,239	ノースカロライナ州シャーロット／ 3,389

（出所）　各種資料を基に筆者作成.

邦預金保険公社）は，インディマック銀行に 2008 年 1 月に共同で検査に入り，夏以降に破綻処理に入る予定であった．ところが，当銀行の経営困難を明らかにしたシューマー議員（ニューヨーク州選出の民主党上院議員で党院内順位 3 位）の書簡が 6 月 26 日に『ウォール・ストリート・ジャーナル』にリークされ，預金者の取り付け・大口預金の流出が始まったため，受皿銀行を選定する時間的な余裕もなく，7 月 11 日（金）の週末に破綻処理が開始された.

(2)　取り付けの経緯

取り付けは，2 週間程度続いた．FDIC 担当者は「教育・所得水準が比較的高い当地域で，これほどの行動（取り付けの行列）を多くの人がとったことは予想外」としていた．カリフォルニア州では銀行破綻がそもそも稀であったところに，カリフォルニア州史上最大の金融機関破綻が突如訪れたことに加え，ワシントン・ミューチュアル，ワコビアの救済と比較すると，受皿銀行が決まっていないことが預金者心理を大きく揺るがせたものと考えられる.

表5-6　インディマック銀行取り付けの経緯

日時	動向および状況
2008年1月	インディマック銀行にFDICとOTS等の検査が入る. インディマック銀行の検査評定が低下.
6月25日（水）	インディマック銀行の最終評定結果が確定. OTS評定引き下げ. 問題先（Problem Institutions）になる.
6月26日（木）	評定確定を受け，シューマー上院議員の書簡が出される. 『ウォール・ストリート・ジャーナル』紙がシューマー上院議員の書簡内容をリーク.
6月27日（金）	預金者の取り付けが始まる. この間，監督官庁であるOTSは取り付けの引き金となったシューマー上院議員の行動を長官名で批判.
7月11日（金）	インディマック銀行破綻処理（週末処理）.

（出所）　各種資料を基に筆者作成.

FDIC担当者は「インディマック銀行の場合はなぜ店頭に行列客ができたのか」という質問に対して，明確な回答をしていない．FDICに承継までの臨時社長を任された人物は「私はこれまで400の金融機関を扱ってきたが，これほどの取り付けの行列を見たのは初めてである」と言及している.

インディマック銀行の場合は，受皿が決まらないことから，従業員自身が動揺し，預金者などにも影響したのではないかとも思われる.

取り付けに加わった預金者に対して「政府が支払いを保証しているのだから」と呼びかけても「それがどうしたの」と返ってくるだけだったとのことで，取り付けの行列が解消されるまでに2週間程度かかったそうである.

(3)　小切手による支払い

日本の預金保険機構では，金融機関が破綻した場合，付保預金の25%を破綻金融機関の営業店に搬入することを想定している．米国では「大量の現金を窓口から引き出したら，強盗が駐車場で待っていることになる」（FDIC関係者の発言）というリスクがある（同様のリスクは日本でも木津信組破綻の際に顕現化した）.

したがって，破綻金融機関によって相違するものの，FDIC がコントロール下に置いた破綻金融機関の場合，窓口で支払う現金は 2,000 ドル程度が上限で，残りは小切手で支払うことになっている．当然ながら，こうすれば FDIC にとっても現金搬送の負担リスクは少なくなる．

このように米国では破綻・取り付けの場合でも，小切手を活用し，預金者一人当たりの現金支払額を抑制している点は留意すべきである．

Box 3　金融機関破綻処理は極めて複雑な実務の集積である

インディマック銀行の破綻について調査を行った玉木伸介氏によると，現地では破綻処理における FDIC 職員の現場対応力に驚いたとのことであった．破綻処理スキーム，手法，スキルが確立されていて，FDIC の各拠点から集められた個々のメンバーが即刻チームとして機能できることに感嘆したとのことである．それだけ，FDIC の破綻処理実務が成熟の域に達していたということだろう．

2010 年 9 月 10 日，国内で定額保護下の金融機関破綻が発生した．日本振興銀行の破綻である．預金保険制度発足後初の定額保護下の破綻であり，それまでの全額保護下の破綻に比べ，数十倍もの複雑な実務対応を迫られた．東京地裁による民事再生手続の下で処理を進めることとなり，非付保預金の部分カット，膨大な数のデューデリジェンス，債権者集会の実施，承継銀行の活用，最終譲渡先銀行への売却等，これまで経験したことのない手続きを経て，2014 年 12 月にようやく再生計画終結決定に至ることができた．この間，経営者責任追及面でも，海外の銀行口座を利用した一種のマネーロンダリング事案を扱うこととなった．

日本振興銀行の破綻処理に関しては報告書が書かれているので，これ以上触れることはしない．ただ，当時の田邉昌徳預金保険機構理事長の指揮の下，それぞれの分野で個々人が「実務」を着実に果たしたことが，定額保護下での破綻処理を成し遂げた鍵だったように思う．

後述する「補論」で TLAC 処理に関して，破綻処理開始当初，主要なデリバティブ商品等についてはデフォルトを停止する措置をとり，数日の間にその債権債務関係を整理・調整するという手法について紹介している．しかしながら，大量のデリバティブ商品について債権債務を調整する膨大な数のスタッフはどこから調達できるというのだろうか．しかも数日間で処理を終えることができるという前提に立っている（これを「机上の空論」と呼ぶのではないか）．

金融機関破綻処理というものは，極めて複雑な「実務」の集積であることを改めて述べておきたい．

6. 取り付けの分類

(1) 分類の考え方

取り付けの分類に当たってはさまざまな考え方があろうが，まず，金融機関単体で取り付けが発生した場合と，広範にシステミック・リスクが顕現化した場合とでは取り付けの様相が全く異なっている．

また，預金者行動が経済合理性から見て合理的かどうか，という観点からの分類も可能だろう．

(2) 単独の取り付けとシステミック・リスク顕現化の取り付け

これまで本章で取り上げてきた取り付けのうち，豊川信金，木津信組，佐賀銀行，米国のインディマック銀行，英国のノーザン・ロック銀行は単独での取り付けである．

一方，昭和金融恐慌特に1927（昭和2）年3月4月の取り付けは，日本全国に波及したまさにシステミック・リスクが顕現化したものであったし，平成金融危機の1997年11月12月に発生した取り付けも全国的に波及している（表5-7）．

(3) 預金者行動が合理的と考えられる取り付け

預金者行動に合理性があるかないかは取り付けが生じた際の状況に依存する．預金者行動が合理的であると思われる取り付けとしては以下のような取り付けが考えられる．

(a) 昭和金融恐慌の取り付け

昭和金融恐慌時には，現在のような預金保険制度は存在しなかった．預金保険制度のない世界では，預金者が頼れるのは預金をしている銀行の健全性だけ

表5-7 単独の取り付けとシステミック・リスクが顕現化した取り付け

単独の取り付け	システミック・リスクが顕現化した取り付け
豊川信金 木津信組 佐賀銀行 インディマック銀行 ノーザン・ロック銀行	昭和金融恐慌時の取り付け (1927年3月4月) 平成金融危機時の取り付け (1997年11月12月)

(出所) 筆者作成.

であるから，信用不安が発生した場合には，素早く銀行の店舗に駆け付けて，預金を全額引き下ろすという行動が合理的だといえる．まさに「早い者勝ち」である．

(b) 木津信組の取り付け

木津信組のケースは，微妙な部分もあるが，合理的な取り付けに分類できるであろう．木津信組が破綻した時点では，預金の全額保護は法的には担保されてはいなかった．有力大銀行の支援やいわゆる「奉加帳方式」によって，破綻後に「結果として」全額保護が達成されていたのであって，事前的に約束事ではなかった．

加えて，木津信組破綻の1か月前に破綻したコスモ信組の処理において，コスモ信組が集めていた，高金利預金の利息の保護について，モラルハザード防止の観点から，保護の制限が事後的に加えられた．すなわち，コスモ信組の高金利預金「マンモス」は2～3%の高金利（当時の都銀の金利水準の5～6倍）を付与していたが，当局は保護対象を当時の都銀並みの金利である0.5%分に止める方針としたのである．木津信組の預金者は末野興産のような高金利を求めてのいわば「プロ大口預金者」が多かった．こうした「プロ大口預金者」は「破綻しても高金利の利息部分も全額保護される」ことを念頭にクレジットリスクが高い木津信組に預金していたわけだから，高金利分がカットされるとわかったとたんに預金引き出しに走ったことは当然だといえる．その証拠に，コスモ信組の高金利預金を全額保護しないとの方針を公表した，8月28日の翌日から預金引き出しが急激に生じている．木津信組の取り付けはプロ大口預金者が主導した合理的なものだった．

(c) インディマック銀行とノーザン・ロック銀行の取り付け

インディマック銀行とノーザン・ロック銀行の場合も預金者の行動は合理的だったといえよう．両行はいずれも，定額保護下での破綻であり，マスメディアのリークから取り付けがスタートしているが，メディアのニュースソースは，公的当局の検査結果や公的当局の処理方針を基にした極めて確実性の高いものであった．また，特にノーザン・ロック銀行の場合，英国国内で金融機関の破綻処理法制が未整備だった（預金保険もペイボックス型でほとんど機能しない）ことを考えると，取り付けに走った預金者は合理的な判断をしたということかと思う．

(4) 預金者行動が非合理的と考えられる取り付け

(a) 豊川信金と佐賀銀行の取り付け

豊川信金は，女子高校生の会話が流言として町中に拡まり，生じた取り付けであり，豊川信金の経営内容には問題がなかった．

佐賀銀行の場合は，根拠のないデマメールの拡散によるものであり，佐賀銀行の経営内容には問題はなかった．いずれも，預金者の行動非合理的であると考えられる．

(b) 平成金融危機1997年11月12月の取り付け

1996年6月に預金保険法が改正され，預金保険機構の大幅拡充（人員15名→100名）と金融機関預金並びに負債の全額保護が法定された．大蔵省・日本銀行・預金保険機構ではこの全額保護をかなり積極的にPRした．

1997年11月12月の取り付けは，「事前に全額保護が通知されている」状態で生じた．ペイオフ解禁後の現状のように「元本1000万円と利息まで」とい

表 5-8　預金者行動が合理的か否かでの分類

預金者行動が合理的と考えられる取り付け	預金者行動が非合理的と考えられる取り付け
昭和金融恐慌時の取り付け（1927年3月4月） 木津信組 インディマック銀行 ノーザン・ロック銀行	豊川信金 佐賀銀行 平成金融危機時の取り付け（1997年11月12月）

う制限はなく，いかなる大口預金者でも全額保護される体制だった．

しかも1997年11月12月からの取り付けは，経営内容の問題のある先だけでなく，全く経営に問題のない地銀大手にまで及んだ．

また，大口預金者というより小口の預金者による取り付けの様相が濃かった．平成金融危機1997年11月12月の取り付けは非合理的な取り付けである．

(5) 取り付けの4分類

「単独かシステミック・リスクが顕現化しているか」「預金者行動が合理的か非合理的か」の項目を組み合わせると，図5-9のような分類になる．

この分類図を眺めてみると，それぞれの取り付けに，さまざまな背景と預金者行動の差があり，「取り付け」という一言でくくることは難しいとも思えるが，一つ共通していることは，取り付け開始時点における局面の激変と取り付けの猛烈なスピードということである．この点については結語で詳しく述べたい．

図 5-9　取り付けの 4 分類

第6章　中央銀行デジタル通貨と取り付け

現在，日本銀行をはじめ各国中央銀行において，紙幣ではない通貨，中央銀行デジタル通貨の発行の研究・実験が本格化している．2020年3月には東京において世界各国の中央銀行の専門家が集まり電子デジタルマネー（通貨）関連のシンポジウムが開催され，中央銀行デジタル通貨発行に関する問題点等が集中的に議論された．

この分野では中国が先行している．中国人民銀行は2020年9月から4大銀行を通じてのデジタル人民元の実験を開始しており，2021年末でスマートフォンに搭載された概ね3,000万のデジタル人民元が稼働している．

また，日本でも，日本銀行が2021年4月からデジタル円の実験を開始している．

なお，筆者は，1990年代に日本銀行信用機構局（現日本銀行決済機構局）での研究の一環として，「デジタル通貨用電子マネー」の特許出願に携わった経験がある．

今後，中央銀行デジタル通貨が発行された世界における取り付けの在り方や防止手段について以下，探っていきたい．

まず，通貨の歴史を辿り，現代の通貨＝紙幣が何故信用され流通するに至ったかを検討してみたい．

図 6-1　デジタル人民元の写真

（出所） Photo by Future Publishing/Getty Images.

1. 通貨の本質

(1) 通貨の本質とは

通貨は，言語などとともに人間社会を支える基盤＝インフラであるといえる．通貨が発明されることにより，人類は「時間」や「空間」の壁を越えた，「交換」の手続きが可能となった．現代の金融システムの中核である銀行も，通貨の保存，資本の蓄積の機能がなければ誕生しなかっただろう．通貨に支えられた金融システムが現代につながる資本主義の進展を支えてきたことは明らかである（山岡 2020）．

通貨の本質をまず教科書的に考えてみると．通貨の機能としては，①交換機能，②価値尺度機能，③分割可能機能，④価値保存機能が挙げられる．

このうち，①交換機能，②価値尺度機能，③分割可能機能について整理したのは，限界革命の創始者の一人 W. S. ジェボンズであり，物々交換において生じる不便を，①欲求の二重の一致の欠如，②価値尺度の欠如，③分割方法の欠如と指摘している．

(2) 交換機能

交換機能は文字通りモノを交換する機能である．絵にあるように，通貨を持っていない場合物々交換してくれる相手を探すのが一苦労となる．すなわち，交換が成立するためには，取引当事者間で，自分が欲するものを相手が所有すると同時に，相手が欲するものを自分が所有するという状況，いわゆる「欲求の二重の一致」が成立することが不可欠である．これは，「欲求の二重の一致問題」と呼ばれ，アダム・スミスも「国富論」で指摘している．

図 6-2　交換機能：お金を持っていない場合

（出所）　二松学舎大学田場弓子准教授作成資料.

(3) 価値尺度機能

価値尺度機能はモノの価値を測る機能である．通貨がないと，絵にあるように「鉛筆何本と消しゴム何個を交換できるのか」がすぐさまわからないといった問題が生じる．

図 6-3　交換機能：お金を持っていない場合

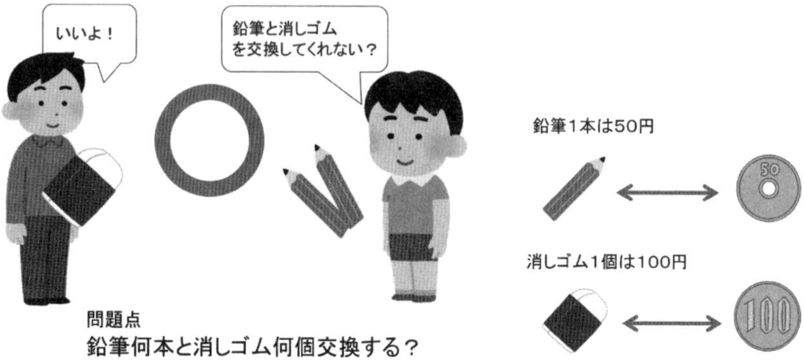

（出所）図 6-2 と同じ.

(4) 分割可能機能

円滑な通貨使用に当たっては，通貨の最小単位が十分に小さいことが必要である．通貨がないと，絵にあるように，パイナップルをどの様に分割してお釣

図 6-4　分割可能機能

（出所）図 6-2 と同じ.

りを支払えばよいかわからず，交換がスムーズにいかない．

(5) 価値保存機能

価値保存機能はモノの価値を貯めておく機能である．絵にあるグラスとケーキは両方とも5000円の価値があるが，グラスは壊れやすいし，ケーキは腐ってしまって長期の保存はできない．

図6-5　価値保存機能

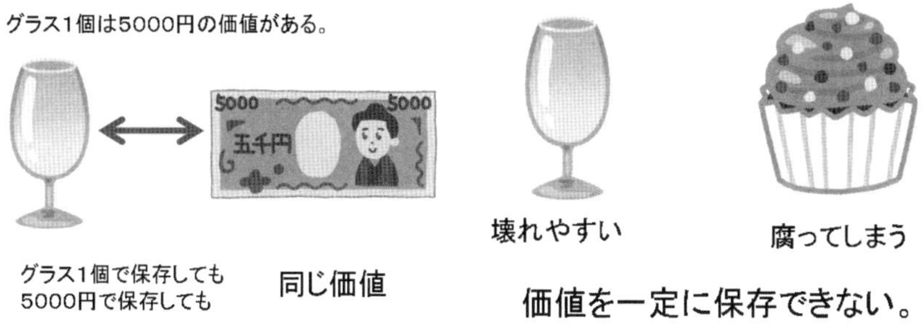

（出所）図6-2と同じ．

(6) 通貨の機能と通貨の条件

以上記述した通貨の機能，①交換機能，②価値尺度機能，③分割可能機能，④価値保存機能は，裏返してみると，通貨としての条件でもある．この4条件に，現代の通貨に必要とされる条件を考えてみると，①価値が広く認知されていること，②（保存機能との関係で）材質が変化しにくいこと，③大きな価値変動がないこと，④発行量がコントロールできること，⑤直接的利用価値が少ない方が良いこと，などが挙げられる．⑤の直接的利用価値がないこととは，例えば金属を鋳造して作った貨幣の額面価格が，その貨幣を溶かして金属として利用する場合の市場価格よりも低かった場合，直接的利用価値の方が高いために，貨幣の溶解が進んでしまうようなことが生じることを示している．

現代日本で流通している，日本銀行券や貨幣はいずれも通貨の条件を満たしているが，それは，通貨が日本銀行券や貨幣だけに限定されることを意味しているわけではない．通貨の条件を満たしている，もしくは一部でも満たしているような財が，歴史上通貨として流通してきたことは，よく知られている．

2. 通貨の起源

通貨の起源については，「商品貨幣起源説」と「信用貨幣起源説」がある．

(1) 商品貨幣起源説

商品貨幣起源説では，物々交換経済においては，先述のように「欲求の二重の一致」は必ずしも成立しないが，この制約を乗り越えるために貨幣が発生したとされる．物々交換の不便さを克服するため，特定の商品が貨幣として選択され，交換機能，価値尺度機能，分割可能機能，価値保存機能を獲得したとされる（古川顕，鎮目雅人，泉正樹）．古くは，アリストテレス，アダム・スミス，カール・メンガー，カール・マルクスが唱えた説で，現代の標準的な通貨理論となっている．

『資本論』第1部第1篇の表題は「商品と貨幣」である．マルクスは，第1章，第2章，第3章でさまざまな観点から，商品貨幣論に基づく分析を詳細に行っており，「貨幣という結晶は，交換プロセスから生まれた必然的な産物である」（『資本論』邦訳1篇162頁）としている．

(2) 信用貨幣起源説

19世紀の社会・政治論者ジョン・ラスキンは，貨幣は財産の権利証書の役割から生じたとしている．また，ミッチェル・イネスは，交換の当事者間の債権債務関係を表す記録簿のようなものであると論じている．信用貨幣起源説では，交換の当事者間の「債権債務＝信用」関係を表すものだと捉えるので，貨幣の素材が，金属（例えば金）であるかどうかは，決定的な重要問題ではないと考える（鎮目 2018）．

(3) ポランニーの文化人類学的アプローチ

20世紀を代表する文化人類学者K. ポランニーは，文化人類学の立場から通貨に対して独自のアプローチを行った．ポランニーは，原始時代に，交換機能，価値尺度機能，支払手段機能，価値保存機能を，それぞれ単独で持つ通貨が誕生したとする．その後，近世に，4つの機能を統合した通貨が誕生してきているとの説を唱えている．このうち，支払手段機能については，「債務の弁済を行う手段」と定義付けている（ポランニー 1975，1998）．

3. 通貨の変遷と技術革新

(1) 通貨の変遷

通貨の本質や条件の項で触れたように，通貨は一定の条件を満たす限り，中央銀行の発行する紙幣である必然性はない．銀行業の成立が当時の大きな技術革新（印刷技術，複式簿記の発明）と密接に関連しているように，通貨の変遷も人類史上におけるエポック・メイキングな技術革新と密接に関連している．商品貨幣起源説をとるにしても，信用貨幣起源説をとるにしても，人類史上においてはさまざまなモノが通貨の役割を果たしてきた．

(2) 古代中国の貝貨

通貨の歴史を辿ってみると，中国においては，最初自然物の貝などが通貨として用いられた．紀元前16世紀から紀元前8世紀の殷・周時代においては，主にベトナム産の光沢のある宝貝が通貨として用いられた．宝貝は自然物だが，遠いベトナムから中国の中原地帯まで宝貝を運搬するためには，海運・陸運をスムーズに行う各種の技術革新が必要であったと思われる．車輪の発祥については明らかではないが，紀元前3000年頃のメソポタミア・ウル遺跡から車輪が発見されている．中国においても殷時代の殷墟（殷の王墓）から車輪を付けた戦車が発掘されており，この時代に車輪が実用化されていたことは確実で，遠隔地からの運搬に利したであろう（山田 2000）．ただ，殷・周時代には，入

図6-6 古代中国の貝貨

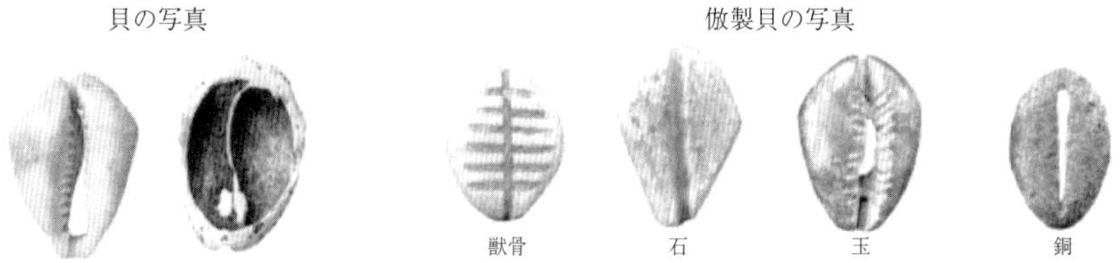

（出所） 日本銀行金融研究所貨幣博物館所蔵.

手しやすい獣骨などを材料とした「倣製貝」も利用されており，南方からの宝貝運搬が容易なものではなかったことを物語っている（日本銀行金融研究所貨幣博物館資料）.

(3) 秤量貨幣としての貴金属の利用

古代メソポタミアでは，銀が秤量貨幣として用いられていた．紀元前22世紀には，秤量貨幣である銀と大麦との交換比率が定まっていたとの記録が残っている．なお，ハンムラビ法典においては，すでに貸借・金融に関する記述があり，銀の貸借の場合，20％が利息の上限として規定されている（ハンムラビ法典89）．銀はメソポタミア地方では産出しないので，アナトリア半島からの輸入によっていた．ここで注目すべきは，大量の銀を生成するには，精練技術が必要だということである．銀を精錬する「灰吹法」を使って方鉛鉱から銀を抽出していた．銀の流通にも「灰吹法」という精錬の技術革新が必要だったのである（明石 2010）.

(4) 貴金属から硬貨へ

現物が現存する最古の硬貨は，現在のトルコが位置するアナトリア地方に存在したリディア王国で発行されたエレクトロン貨幣である．エレクトロン貨幣の原料は，金と銀の合金であるエレクトラムだが，アナトリア地方ではまとまって砂金として産出していた.

硬貨の形をとることにより，秤量の手間を大幅に減らすことができた．先述したジェボンズの分割可能機能を初めて具現化したものといえる（明石 2017）.

(5) 紙幣の発行

中国の宋時代に，公子と呼ばれる紙幣が登場した．公子は，金属貨幣の預り証が，通貨として流通するようになったものである．当初は民間が発行体だったが，宋末期には，官が発行する紙幣となった．

紙幣発行については，当然のことながら，紙を大量生産する技術が必須である．製紙技術は中国・後漢時代に蔡倫が確立しており，最初に製紙技術が広く伝播した中国で最初に紙幣が発行されたのは，偶然ではない．

この宋の紙幣は，宋を滅亡させたモンゴル帝国に引き継がれていき，元の時代に，公鈔と呼ばれる紙幣が法定通貨として流通した．この公鈔の作成には，良質の紙の製造に加えて，銅版画等による，精緻な印刷技術の裏付けがあった（明石 2021）.

(6) 銀行業の成立と預金通貨

現在のような銀行が誕生したのは，15 世紀頃の北イタリアのシエナ，フィレンツェといわれている．当初は，両替業務を主としていたが，北ドイツのハンザ同盟との資金のやり取りにより為替業務が始まり，為替業務の付随業務として預金業務が始まり，その後，貸出業務も行うようになった．現存する世界最古の銀行であるシエナに本店を構えるモンテパスキ銀行は 1472 年に開業している．

銀行の預金も決済手段であり，預金通貨という呼び方をされることもある．

こうした銀行業の成立は，当時の大きな技術革新であった，活版印刷と複式簿記に支えられていた．グーテンベルグが発明した活版印刷は人類が情報・データを共有する効率性を飛躍的に高め，銀行に関しては帳簿類の革新に始まり，やがては紙幣（バンクノート）の印刷に貢献することになる（橋本 2009，2013）.

複式簿記については既述のように，フィレンツェの支配者メディチ家が積極的に利用したことで知られる．いうまでもないが，複式簿記を利用すると，会計の透明性，正確性が格段に上昇する．複式簿記は正確な会計処理が必要な銀行業には欠かせないものだった．

銀行はやがてバンクノート＝銀行券と呼ばれる紙幣を発行するようになり，中央銀行同様に紙幣を発行するようになる．長期間，私立の銀行券と中央銀行の銀行券が併存していた．中央銀行紙幣が確立したのは，1844年に英国がピール条例によって，イングランド銀行にポンド紙幣の独占発行権を認めた時点からであり，かなり，近い時代のことである．その後，ドイツ，イタリアの統一など，国民国家の成立により，中央銀行の設立＝中央銀行券への通貨統一が大きな流れになっていく（春井 2013）．

以上のように，通貨として自然物の貝殻を用いていたものが，金属の金や銀の秤量貨幣となり，金属で作ったコインとなり，銀行が発行する紙幣となり，国民国家の成立に伴って，中央銀行の発行する中央銀行紙幣となってきた．

(7) 通貨の変遷と技術革新

こうした通貨の変遷の背景には，それを支えた技術革新があった．自然物の貝なども海から遠く離れた地域で流通するには，遠隔地との交易を可能にする手段（車輪の発明等）が必要だった．金や銀といった貴金属を利用するには，採鉱技術と金属精錬技術が欠かせない，紙幣を発行するためには，安価で丈夫な紙を作る製紙技術と高度な印刷技術が（偽札を防ぐ意味でも）不可欠である．銀行の預金も振替決済の機能があるので，「預金通貨」とも呼ばれるが，預金通貨を可能にしたのは，複式簿記を基にした簿記・会計の発達だ．現代のクレジットカードの利用には電信による情報伝達が必要だった．ネットバンキングはインターネットの開発・伝播により生じた．そして現在，デジタル通貨と目されているものは，コンピューター技術とインターネット技術と暗号技術が複合的に組み合わさったものなのである．

〈通貨の変遷の背景に技術革新が存在〉

・貝　←　自然物を運搬する技術
・貴金属　←　採鉱技術，金属精錬技術

・紙　幣　←　（安価な）製紙技術（中国→サマルカンド→イタリアの順に伝播）
　　　　　　　高度な印刷技術（偽札防止に重要）
・（銀行）預金通貨　←　複式簿記，銀行業の成立
・送金業務，クレジットカード　←　電信
・ネットバンキング　←　インターネット（軍事技術）
・デジタル通貨　←　コンピューター＋インターネット＋暗号

4. 中央銀行紙幣の代替――通貨のデジタル化の現状

(1) スウェーデン

スウェーデンは世界で最もキャッシュレスが進んだ国である．日本の現金の名目 GDP 比率は約 20%だが，スウェーデンでは 1%台である．スウェーデンには中央銀行の支店がなく，現金輸送は銀行が共同で運営している現金流通会社が流通を担っている．ATM もほとんどない社会となっている．買い物等における資金決済は，スマートフォンを利用した "Swish" というサービスでなされている．Swish は 2012 年に導入され，銀行の口座番号の代わりに送金先の携帯番号を使って資金移動する仕組みで，資金決済は 24 時間可能となっており，スウェーデンの人口の約 7 割が使用している．この結果，スウェーデンでは現金での決済を受け付けない店が都市部を中心に増えてきている（中島 2020）．

(2) 中国

中国人が来日して戸惑うことは，成田空港から都心に出て来るまでにどうしても現金（日本円）に交換しなければならない部分があるという点らしい（現在はかなり改善しているが）．逆に中国を訪れると，例えば北京空港に降り立って，北京中心部まで移動して，ホテルに宿泊するまで，現金を使用する機会はほぼないといっていいだろう．

中国ではアリペイやウィーチャットペイというスマートフォン搭載型の支払い手段がそれぞれ 7 億人以上の顧客を有していることに加え，QR コードによ

る資金決済が隅々にまで浸透している．飲食店での支払いのみならず，チップも QR コードによって支払うことになっている．また，江南省の鑑真ゆかりの大明寺という寺では，お賽銭も QR コードによって納める形となっている．

中国でこのようなキャッシュレス決済が急速に進展した理由は，①ほとんどの人がスマートフォンを保持しており，②資金移動がリアルタイムで確認できるため，取引相手を信用していなくても決済できること，そして何よりも，③紙幣や硬貨に偽札や贋金が多く，現金決済のリスクがとても高いことが挙げられる．

iPhone 1 号機が発売されたのは，2007 年で，それから 10 年程の期間に中国は見事なキャッシュレス社会に変貌した．日本は偽札がほとんどない社会であることが，逆に「仇」となったともいえる．新興国が技術的に先進国に追いつく際に，段階的な進化を踏むことなく，途中を飛び越して，一気に最先端の段階に到達することを，リープフロッグ（カエル跳び）現象と呼ぶが，中国で起きたことは正にそれである．

(3) ケニア

アフリカのケニアでは「M－PESA」というキャッシュ代替の支払い手段が急速に普及し，現時点では全国民の 7 割以上がこの決済手段で，日常の買い物

図 6-7　ケニアの M－PESA 販売所

（出所）　Photo by Bloomberg/Getty Images.

などを行っている．ケニアでも現金の偽札率は高かったようだが，登録は図6-7のような簡単な窓口で行われ，電話番号と国民IDにより登録し，利用できるようになる．これも中国と同様に一種のリープフロッグ（カエル跳び）現象である．

5. ブロックチェーンと仮想通貨

(1) ブロックチェーンとは

ブロックチェーンとは，分散型ネットワークを構成する複数のコンピューターに，暗号技術を組み合わせ，取引情報等のデータを同期して記録する方法をいう．取引情報そのものの真実性が担保されるため，一種の疑似通貨としての機能を持たせることができる．ビットコインやエリシウムなどといった商品名はいまや日常生活においてもポピュラーなものになりつつある．

(2) ブロックチェーンそのものはなぜ通貨として機能しにくいのか

ブロックチェーンは現在では，一種の投機的商品として見られているといってよいだろう．通貨として機能しないと考えられる理由は，①（中央集権的なものではないため）過剰な発行手段を防ぐ方法がないこと，②そのためもあって価格変動が激しすぎることが原因である．

ビットコインの場合，2009年10月の最安値は1 BTC＝0.009円だったが，2021年11月には770万円を超えた．

(3) ブロックチェーンと中央銀行デジタル通貨

ただ，ブロックチェーンの基本的技術は，取引偽装を防止できるものであり，後述の中央銀行デジタル通貨の技術的な軸となっている．筆者が，日本銀行名義で電子マネー特許出願に関わった1990年代においては，電子マネーの「防御手段」としては，①電子マネー機能を搭載するハードウェア自体の防御（無理な読み取りをしようとすると自己破壊する機能など）と，②いまから考えるとシンプルな暗号技術のみであった.

当時は，電子マネーに使用する暗号を，それまでのDESやトリプルDESに代表される「共通鍵暗号方式」から公開鍵と秘匿鍵の両方を使用する「RSA暗号」「公開鍵暗号方式」に転換されていく時代であった.「公開鍵暗号方式」はその後RSA暗号から,「楕円曲線暗号」に進化したが，特許出願に筆者が関わった電子マネーは，RSA暗号段階のものである.

暗号の強靭性（解読困難性）は，一般的には，その暗号を解くためにどれほどの計算時間がかかるか，という「計量的安全性」で測られる．筆者が，開発に参加させてもらった日本銀行ネットワークシステム（日本銀行と市中金融機関のネットワークシステム）で当初使用していたDESやトリプルDESは，開発当時は「解読に1,000年かかる」というのが歌い文句だったが，その後のCPUの演算速度の急速な進展もあり，いまや1,000年ではありえないだろう.

ブロックチェーンは，革新的な暗号技術というより，既存の技術の巧みな組み合わせにより考案されたものであるが，取引偽造の追跡・把握が容易であるという特徴は，中央銀行デジタル通貨の発行には欠かせない技術である.

Box 4　暗号の歴史

（機械式暗号）

機械式暗号として最も有名なのは，第2次世界大戦中のドイツ軍が広汎に運用していた「エニグマ」だろう．エニグマは，タイプライター式のキーボードに平文を打ち込むと，それがローターの作動により暗号文に変換されるという換字式暗号だが，ローターをどの順で暗号機に組み込むかということと，ローターの初期状態および使用履歴が鍵として作用していた．コンピューターの創始者の一人，英国のアラン・チューリング等によって解読された．

英国がエニグマ暗号を解読して得たドイツに関する情報は，終戦まで連合国にとって貴重な情報源となったが，エニグマ暗号解読の事実は極秘事項として扱われ，ドイツ軍は終戦までエニグマを信用し続けていた（エニグマが解読されていたという事実が公表されたのは，1974年）．

（DES暗号）

1973年，米国商務省標準局（NBS，後のNIST）は，米国政府が標準利用する暗号方式を公募した．暗号の2つの要素である「暗号アルゴリズム」と「鍵」のうち，暗号アルゴリズムを公開したわけで，暗号の歴史上大きな転換であった．NBSは1976年，DES（Data Encryption Standard）暗号を承認し，これが世界の基準暗号となった．

ただ，「鍵」についてはDES暗号も，暗号化する時と復号する時に「同じ鍵」を使う（共通鍵暗号）方式である．筆者も開発に参加していた日本銀行のオンラインシステム（日本銀行ネットワークシステム．営業系は1988年にカットオーバー）も当初DES，後にトリプルDESを使用していた．

（RSA暗号）

RSA暗号は，マサチューセッツ工科大学の研究者，ロン・リベスト（Ronald L. Rivest），アディ・シャミア（Adi Shamir），レオナルド・アドルマン（Leonard M. Adleman）の3人によって発明された．この暗号は開発者3人の頭文字をとって「RSA暗号」と名付けられた．RSA暗号方式は「素数」による因数分解を用いており，公開鍵暗号方式を採用した画期的なものだった．

共通鍵方式の場合には，鍵の受け渡しをどうするかがネックだったが，その問題は公開鍵暗号方式の登場でついに解決された．非対称な鍵（公開鍵，秘密鍵）を用いれば事前に鍵を配送することなく暗号化通信ができる．暗号化するための鍵を公開鍵として誰でも入手できるようにし，複合のためには本人しか知らない秘密鍵を使うというものだ．

この公開鍵暗号方式は，インターネット上で意図する特定の相手とだけ暗号を復号するための鍵を交換することができる極めて都合のいい方式だった．不特定多数が参加するインターネット上で公開鍵を公開しても，現実的な時間の中では秘密鍵を解読することが困難であるため，鍵の配送問題を劇的に解決する方式であるといえる．

筆者が関わった電子マネー特許も，詳細は語ることはできないが，この RSA 暗号方式を応用している．

（量子暗号）

「量子暗号」は，光の光子を利用する．光の光子は振動しながら進むが，その振動の角度を測定することによって，暗号化された情報を受け取ることができ，途中で傍受すると，その角度が変わるので傍受を必ず検知できる．

これまで暗号が，「現実的な時間の中では解読不能である」といわれたことに対して，量子暗号が解読不能な暗号とされるのは，この傍受したことを検知できるという特性によるものである．これは，アインシュタインと並ぶ 20 世紀最高の物理学者で量子力学の創始者である W. ハイゼンベルグの不確定性原理（正確には観察者効果）の応用である．観察者効果とは，ある系を測定する行為それ自体が系に影響を与えてしまうというもので，つまりよく見ようとして量子に光を当てると，当てた光によって量子そのものが変化してしまうことをいう．量子力学が成立する超ミクロな世界では，測定による観察者効果で量子そのものが「揺動」してしまうのである．量子暗号の場合，サイバー攻撃によって誰かが暗号鍵の情報を盗み見た瞬間に「光子」の状態が変化するので，盗み見られたことに気づくことができる．盗み見られたことを察知した時点で，その暗号鍵を自動的に無効にして，自動的に新しい暗号鍵を作り直す仕組みをとるのである．

暗号の歴史は新しい暗号アルゴリズムの発明とその解読法の発明とを繰り返してきた．中央銀行デジタル通貨に用いる暗号も将来的に見て「永遠に解読されない」というものではないことを踏まえておくべきだろう．

6. リブラ（Libra）の可能性

(1) リブラ（Libra）とは

リブラ（Libra）とはFacebook社（現META社）が2019年6月に発行計画を公表した，電子暗号通貨である．このリブラ（Libra）は世界的に見て初めて広く流通する可能性のある電子暗号通貨として注目された．

リブラ（Libra）の背景には，世界中で20億人を超えるFacebookユーザーが存在する．Facebookユーザー間だけでも十分なマーケット量だ．そして各国の国債など安全資産を100%裏付けにしており，信用力もかなりあると考えられた．また，運営するリブラ協会に世界の主要企業が参加することによって安全資産としての信頼性を補強する仕組みとなっていた．加えてFacebook社が研究・開発してきた暗号技術を応用できるため，暗号の技術面でも高い強度が期待できる．リブラ自体には付利されないが，裏付けになる国債などは利子を生むために，その鞘で利益を生み出す仕組みである．

なお，決済業務だけでは収益性が低いが，Facebook社が運営する他のさま

図6-8　リブラの構造

複数通貨建の安全資産を100%裏付けとする

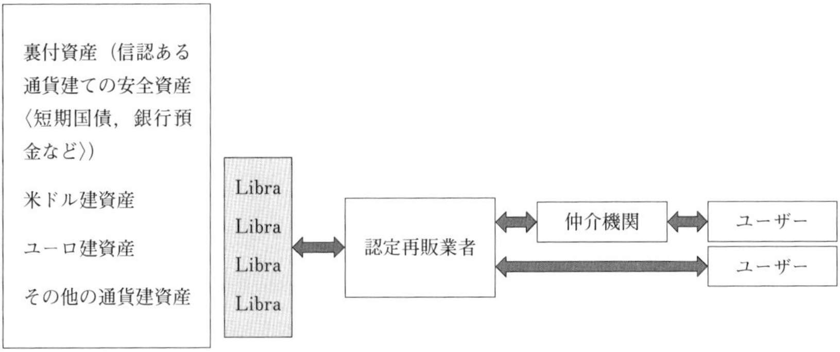

（注）　Facebook社の子会社のCalibraがアプリを開発．
（出所）　BITTIMES資料から筆者作成．

ざまなサービスと組み合わせることによって，展開が十分に可能になると思われた．

認定再販業者（交換業者，取引所，金融機関などを想定）だけが，リブラ協会との間でリブラとソブリン通貨を直接交換することが認められる．

(2) リブラに対する批判

リブラに対しては，各国通貨当局からの厳しい批判が相次いだ．発表直後2019年7月にフランス・シャンティで開催されたG7財務省中央銀行総裁会議の声明では，「リブラに対しては最高水準の規制が必要」として，「金融イノベーションがマネーロンダリングやテロ資金調達のために使われる危険性がある．消費者とデータの保護，サイバー攻撃に対する復旧性（サイバーレジリエンス），公正な競争など重要な公共施策にも多くのリスクが発生する可能性もある」として「巨大ハイテク企業やフィンテック企業は，膨大なユーザー基盤を活用し，短期間で世界にサービスを広げられることから，金融当局はこれらハイテク企業の金融サービスのリスクと影響を慎重に審査すべきである」と提言した．

2019年12月にFRBのブレイナード理事がフランクフルトで行った講演でも，リブラに対して，①リブラの発行主体は，現在の金融機関が備えているのと同様の厳格な不正防止策を備えていない，②預金保険制度に守られた現在の預金通貨と消費者が区分できない，として，リブラに対して極めて拒否的な内容となっている．

さらに，2020年9月24日EUの欧州委員会は，リブラ等暗号資産に関する包括的な規制案を公表した．この規制案の内容は，①暗号資産については事前承認制とし，違反時には制裁金を科す，②リブラに代表されるドルやユーロなどの法定通貨と連動させるデジタル通貨については，欧州銀行監督機構（EBA）が監督し厳しい規制を設ける，とした．

こうした反発を受けてか，リブラを運営するとしているリブラ協会は，Facebook社と距離を置き，リブラ自体の名称も「ディエム（Diem）」とするな

表 6-1　リブラ協会（Libra Association，2020 年 12 月，Diem（ディエム）Association に変更．非営利団体としてスイス・ジュネーブに置かれる，Libra の管理主体）

支払決済	PayU
テクノロジー& マーケットプレイス	Facebook/Calibra, Farfetch, Lyft, Spotify, Uber Technologies
電気通信	Iliad, Vodafone Group
ブロックチェーン	Anchorage, Bison Trails, Coinbase, Xapo
ベンチャーキャピタル	Andreessen Horowitz, Breakthrough Initiatives, Ribbit Capital, Thrive Capital, Union Square Ventures
非営利・多国間組織，学術機関	Creative Destruction Lab, Kiva, Mercy Corps, Women's World Banking

（出所）　BITTIMES，2019 年 10 月 15 日．

ど対応しているが，2022 年春の段階で実際の発行の目途は全く立っていない．

リブラに対しては金融業界からも，リーマンショックのような信用不安が発生した場合，既存の金融商品からリブラへの急速な資金逃避が生じるのではといった批判も多く出された．ただ，考えてみると，そうした資金逃避はそもそもリブラのせいではなく，既存の金融機関や金融商品の脆弱性によるものだろう．また，銀行等の決済機能を削ぐのでは，という議論もあったが，これもそもそも銀行の業務内容改善に帰する問題だといえる．

各国の金融当局・中央銀行が，リブラに対する激しい批判を行っているのは，リブラが本格的に稼働すると，中央銀行の通貨発行権を阻害し，中央銀行を中心とする金融システム自体を揺るがす可能性があると考えているためであろう．その背景には，通貨は公的な財であり国家権力とは不可分だという考えが無意識に潜んでいる．19 世紀に確立した国民国家＝法定通貨・通貨主権＝中央銀行による通貨発行権の独占という，三位一体体制を崩す可能性のあるリブラの存在は認められない，という感情的な反発が底流しているように思う．

リブラ（ディエム）構想は頓挫したが，あえてうがった見方をすると，金融当局・中央銀行はリブラの登場に相当焦りを感じたのではなかろうか．このリブラ構想の登場以降，各国中央銀行のデジタル通貨への取り組みが一気に加速した.

(3) GAFA・テンセント・アリババと通貨・決済機能

銀行は貸出・預金業務等を通じた情報産業である. 北イタリアのシエナやフィレンツェに登場した銀行は, 預金業務によって, 市内外の預金者のさまざまな情報, 住所, 生年月日, 財産の状況, 家族構成まで知ることができた. 貸出業務の場合は, 預金に比べてもさらに詳細なデータを収集することができる. これが銀行・金融機関が近現代において, 資本主義の「隠れた王」として君臨してきた理由である.

現代における最大の情報産業は, いうまでもなくGAFAや中国のテンセントやアリババといった巨大プラットフォーマーである. 情報の多角的利用を念頭に, GAFAやテンセントやアリババが通貨・決済の事業に乗り出してくるのは, 極めて自然な動きなのではないだろうか. やや長い目で見ると, というか遠くない将来, 銀行業はGAFAやテンセントやアリババといった巨大プラットフォーマーに浸食されていく可能性がある.

7. 中央銀行デジタル通貨の現在

(1) 中央銀行デジタル通貨とは

日本銀行のHPを見ると, 中央銀行デジタル通貨は次のように定義されている.「一般に中央銀行デジタル通貨（CBDC: Central Bank Digital Currency）とは, 次の3つを満たすものと言われています. ①デジタル化されていること, ②円などの法定通貨建てであること, ③中央銀行の債務として発行されること.」

(2) 具体的な中央銀行デジタル通貨イメージ

中央銀行デジタル通貨の具体的なイメージはどんなものなのか. 日本銀行では, 次の2つのパターンを考えている（図6-9).

一つは口座型中央銀行デジタル通貨で, 使用方法としては, ①中央銀行に

図6-9　中央銀行デジタル通貨の発行形態

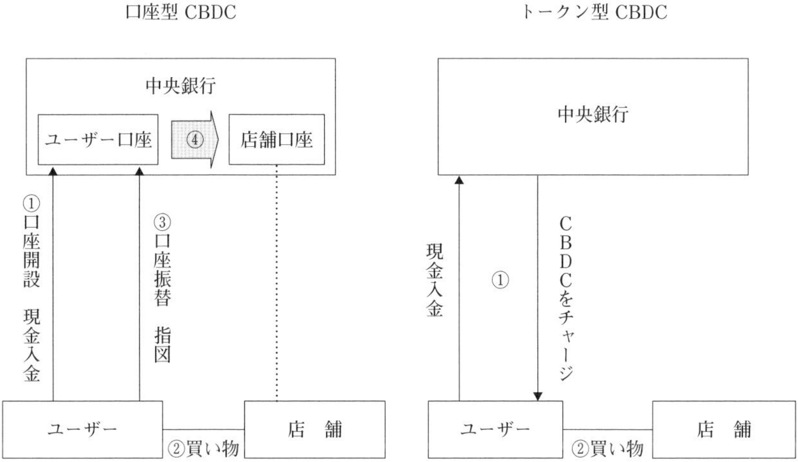

①中央銀行に口座を開設し，現金を入金

②店舗で買い物

③中央銀行に口座振替の指図

④中央銀行は店舗口座にCBDCを入金

①現金と引き換えにCBDCをユーザーのスマホやICカードにチャージ

②店舗で買い物，CBDCが店舗の端末等に移転

（出所）　日本銀行 HP「日本銀行はデジタル通貨を発行すべきか」から筆者加工.

個々人が口座を開設する，②店舗で買い物をする，③中央銀行に口座振替の指図をする，④中央銀行は店舗の口座に中央銀行デジタル通貨を入金する，というものである.

もう一つは，トークン型（ウォレット型）と呼ばれるもので，①現金（紙幣）と引き換えに，中央銀行デジタル通貨をスマートフォンやICカードにチャージする．②店舗で買い物をすると，中央銀行デジタル通貨が店舗の端末等に移転する，というものだ．財布のように持ち運ばれるのでウォレット型ともいわれるものである．筆者が1990年代に特許出願に関わった電子マネーはこのトークン型（ウォレット型）である.

8. 中央銀行デジタル通貨の特徴とメリット

中央銀行デジタル通貨には，どのようなメリットがあるのか，逆に言えば，現在の中央銀行紙幣にはどのような問題点があるのだろうか．

(1) 紙幣を流通させるためには大きなコストがかかる

紙幣を印刷するコストのほかに，日本銀行の本支店間で紙幣を運送・保管するコストがかかる．当然のことながら，市中金融機関でも本支店間で運送・保管コストのほか，ATM の管理費用も付加される．この市中金融機関の運送・保管コストだけで年間２兆円に上るという試算がある．

また，集計カウントはできないが，家庭や個々人が紙幣を保管するコストも馬鹿にできないだろう（金庫代，財布代などなど）．

(2) 防犯・テロ対策上問題がある

紙幣には「匿名性」がある．これは便利な時もあるが，犯罪者やテロリストの資金決済に使われることがある．

筆者はかつて，預金保険機構に出向して，関西方面で債権回収に抵抗する反社会的勢力と対峙していたことがあったが，そのとき聞いた話では，暴力団の上納金は必ず紙幣で直接上納先に持ち込むきまりとなっていた．分裂する前のＹ組では，毎月５日が例会日であり，Ｙ組２次団体の組長が直接Ｙ組の神戸本部に集結し，その際に数百万円の上納金を収めるとのことであった．

イタリアはマフィアの組織が各地に林立している．シチリア島のコーサノストラが有名だが，イタリア本土南部諸州（プーリア＝カモッラ，カラブリア＝ンドランゲタ等）でもマフィアの活動が盛んであり，イタリアの司法当局によると，マフィアの資金決済にも基本的にユーロ紙幣が使用されているとのことである．

資金面からマフィアの活動を抑制する目的で，イタリア国内では，預金者は

1日当たり1,000ユーロしか現金化することができないという法規制がかかっている（田中 2015）.

テロ組織も紙幣の匿名性を利用して，武器調達などには紙幣を用いている．各国中央銀行はこうした点を踏まえ，高額紙幣を廃止する動きを進めている．2000年に1,000カナダドル紙幣（日本円で約8万円）が発行停止されたのに続き，2016年には500ユーロ紙幣（日本円で約6万円強）も発行停止された．500ユーロ紙幣はテロリスト御用達？の紙幣で，司法・警察関係の国際当局者間では「ビンラディン紙幣」との異名があったくらいである．

(3) 金融恐慌時の取り付けに対する対応が難しい

大量の紙幣はかなり重くて嵩張る紙であり，金融恐慌などでシステミックな取り付けが発生すると，問題が生じる．

昭和初期の金融恐慌時には，紙幣が足りなくなり，片面だけ印刷した紙幣（乙200円券）が発行された．平成金融危機時にも紙幣不足が発生しそうになったことがある．1997年11月17日に，拓銀，11月23日に山一證券が相次いで破綻すると，日本全国で預金取り付けが発生した．前年比で2割を超える紙幣発行高となり，取り付けにあった銀行の紙幣不足をカバーするため，日本銀行本店から支店に配送する予定の紙幣を急遽市中銀行に届けたこともある．これは，紙幣が嵩張る紙で輸送が大変だから生じたことである．

後述するように中央銀行デジタル通貨が広まった社会においても，「取り付け」が発生することが想定されている．例えば，中国においてデジタル人民元とアリペイが併存する経済社会を考えてみる．仮にアリペイの母体であるアリババグループのクレジットリスクが高まった場合，おそらくアリペイからデジタル人民元への急速なシフトが生じるだろう．“Dash For Cash”“Digital Bank Run”が発生するわけだが，このような場合にデジタル人民元への交換を一時的に制限すれば，“Dash For Cash”“Digital Bank Run”の動きをスローダウンすることが可能との議論がなされている．

中央銀行デジタル通貨が流通した社会で実施する対策を，紙幣の世界で実施しようとすれば，預金引き出しに一時的な制限をかけるという考えも十分可能である．

名目GDPに対する現金流通残高を見ると，2020年で米国が9.7％弱，欧州全体が12.9％に比べ，日本は22.9％と，突出して高いものとなっている．これは日本の紙幣が，綺麗で，偽札が少ないため，国民の紙幣に対する信認が厚いことによるものだが，上記のように，「信認の厚い紙幣」が危機の際には国全体にデメリットを与える可能性があることも留意しておく必要がある．

9. 中央銀行デジタル通貨の留意点

(1) 中央銀行デジタル通貨はユニバーサル・アクセスを備えている必要がある

誰もが，いつでも，どこでも利用することができることが必要．そのためには，多様なユーザーが利用可能な端末の開発が必要で，スマートフォン技術を転用する可能性が高い．

(2) 中央銀行デジタル通貨は強靭性を備えている必要がある

安全確実に利用できることが絶対的に必要である．特に，偽金を発生させないセキュリティの確保が重要である．

また，強靭性は，暗号関連には留まらない．大規模な災害が発生すると，現金の流通は平時にもまして重要になるが，阪神淡路大震災の際にも，また，東日本大震災の際にも，広域大規模停電が発生した．中央銀行デジタル通貨は，災害時の長期停電にもある程度耐えうるものでなくてはならない．

(3) 特許問題

これは筆者が独自に考えていることだが，実際に中央銀行デジタル通貨を発行する場合は，特許との関連を整理する必要が出てくると思われる．

国内に限っては，中央銀行デジタル通貨で使用する，通信・暗号技術関連の特許を法規制により利用を制限するという方法が考えられる．現在紙幣についても，偽札防止の目的で，「すき入り紙製造取締法」により，紙幣の用いている梳き入り紙は政府の許可なくては製造することはできないことになっている．

ただ，円も国内だけで流通しているわけではない．海外での使用において，米国や中国の特許との抵触が起きた場合はどうするか，という問題が生じる．暗号化関係やスマートフォン関係の特許は，米国と中国の占有率が高いといわれている．余談になるが，リブラが将来的に世界通貨として成功するかもしれないと考えられた理由の一つに，Facebook 社が暗号関連の特許の世界的な保持者であるという点も見逃せないと思う．

Box 5　偽札の歴史

紙幣（銀行券）の歴史は偽札との闘いの歴史だったともいえる．古来，自己利得のために偽札を作った犯罪者は絶えない．フランスのアンドレ・ジッドも実際の偽札づくりを題材に小説を書いている（「偽札づくり」）．

一方で，国家間の戦争において，敵国の経済・信用を混乱させる目的で，大量に偽札を発行して，敵国内にばら撒くということもなされてきた．偽札づくりは戦争においては，かつては立派な作戦であり続けたのである．ケインズも『平和の経済的帰結』の中で，「国家を破壊することは簡単だ．通貨を破壊すればいい」とまで言っている．

〈米独立戦争時の英国政府の偽札作戦〉

米独立戦争時に独立軍は戦費調達の目的で紙幣（Continental Currency）を発行して領内で流通させた．これを見た英国政府は，Continental Currency の偽札を大量に偽造して，流通させ，独立軍側の経済・信用を破壊した（植村 2020）．

〈ナチス・ドイツ・ベルンハルト作戦〉

第2次世界大戦中に，ナチス・ドイツが英国のポンド紙幣を大量に偽造して，スイス等で流通させた事件である．当時のポンド紙幣は，数多くの偽造防止策が施され，偽造が極めて困難であったにもかかわらず，偽造紙幣が中立国スイスのみならず，ロンドンにおいても一部流通していた．最終局面で，親衛隊少佐，ベルンハルト・クリューガーが担当していたため，一般的には「ベルンハルト作戦」の名称で呼ばれている．

偽札づくりは，秘密保持の目的からベルリン郊外のザクセン・ハウゼン強制収容所内で，ユダヤ人の印刷工，彫金師，グラフィック・デザイナーなど専門家を100名以上集めて実行された．

ポンド紙幣は，①原料の紙に微妙な量の蛍光増白剤が含まれていたほか，②透かし技術が卓越していたが，いずれもユダヤ人専門技術者の技量で突破され，5，10，20，50ポンド紙幣の偽造に成功した．最終的に偽造された偽ポンド紙幣の総額は，1億3400万ポンド（600億円弱）で，秘密工作資金，武器調達資金などに利用された．

敵国紙幣の偽造はこの時点においても，国際条約違反であったため，ナチス・ドイツはドイツ降伏の直前になって，隠蔽工作を行い，オーストリアのトプリッツ湖に印刷機や残存していた偽札が沈められたが，1959年にダイバーによって発見されている．

国際法違反にもかかわらず，戦後，ナチスの関係者は本件では訴追されていない．イングランド銀行が，自らの「恥」と捉えて，刑事訴追に消極的であったことが原因と思われる．

このベルンハルト作戦は，オーストリア映画「ヒトラーの贋金」で映画化されているほか，2020年9月，NHKのダークサイドミステリー「闇の世界戦略・ヒトラーのニセ札事件」という番組で放送されていたので，視聴した人もかなりいるのではないか．このベルンハルト作戦は，「国家レベルで最高の技術を結集すればどんな高度な偽造対策をとっても突破される可能性がある」いうことを示している．

〈日本陸軍の中華民国法幣偽造〉

日中戦争から太平洋戦争の時期に，川崎市にあった陸軍第九研究所（登戸研究所）において，中華民国の法幣（紙幣）の偽造を行っていたという事案である．

中華民国法幣と紙質を似せるため，わざわざ中国大陸から大量の紙原料を入手し，高度な技術を持つ印刷工，彫金師を集めて偽造していた（登戸研究所跡地は現在明治大学生田キャンパスとなっており，精巧な偽造法幣が，明治大学平和教育登戸研究所資料館に保存されている）．

中華民国偽造法幣は，現在価値でほぼ40億円分製造され，中国大陸での軍需物資の調達に用いられた．もっと大量に製造できれば，中華民国内での経済混乱を招くとの狙いも達成できたであろうが，そこまでの成果は出なかったようである（植村 2020，村岡 2010，伴 2010）．

〈スーパーノート，精巧な偽ドル紙幣〉

精密な100米ドル偽紙幣．北朝鮮が製造に関与しているといわれる．

精密な理由は，米国の造幣局で使用しているスイス製の「インテリオルカラー」という凹版印刷機を使用しているためといわれている．北朝鮮国内で印刷され，北朝鮮の在外大使館などを通じて，東南アジアを中心に広く流通している模様である（植村 2010）．

以上，国家が直接関与した，もしくは関与していると思われる偽札製造ケースを取り上げた．個人的な利益追求を目的とした偽札づくりと異なり，国家が偽札を作成する目的は，相手国の経済の混乱や流通している相手国紙幣の信用失墜である．

個人的な利益追求を目的とした偽札づくりには，「通貨偽造罪」（日本の場合刑法148条）や「すき入紙製造取締法」（日本の場合すき入れ紙は政府の許可なしに製造できない）などが，犯罪抑止力として働くが，国家にはそうした抑止力は働かない．また，国家が関与する場合は，膨大な資金を投下できるし，何より紙幣偽造を行う国家自体が紙幣を発行していることで，偽造に関する基礎技術レベルがそもそも高いということがいえるだろう．

こうした基本的な構造は，流通している通貨が，紙幣（銀行券）から中央銀行デジタル通貨に代わっても変わらない．中央銀行デジタル通貨を自国内で発行できる国は，敵対国の中央銀行デジタル通貨を偽造するだけの基本的な技術を保持していると考えるべきである．ここに中央銀行デジタル通貨時代の新たな偽造リスクがある．

10. 中央銀行デジタル通貨の実験

(1) 中国のデジタル人民元

中央銀行デジタル通貨の本格導入に一番近づいているのが中国である．ちなみに中国ではデジタル通貨を「中央銀行数字貨幣」と呼んでいる．2016 年 1 月にデジタル通貨発行計画を表明し，2020 年 9 月からは 4 大銀行を通じて実験段階に入っている．スマートフォンにインストールしたウォレットタイプで，個人同士や銀行や商店との取引が可能となっている．また，保有金額や 1 回当たりの取引金額，年間累積支出額について，階層別に限度が設けされている．2021 年末で 3,000 万ほどのデジタル人民元が稼働しており，2022 年の北京オリンピックを契機に実験の拡大を試みた．

用途としては，主としてリテールの決済手段として用いられ，支払い側と受け取り側がインターネットに接続していないオフライン環境下でも使用可能となっている．

なお，2019 年 10 月には，中国で「暗号法」が制定され，法律面からの暗号の保護等の整備が進んだ．また，発行元である中国人民銀行では，80 件余りの特許申請を行っている．特許には，デジタル通貨発行方法，ウォレットの構造，資金決済方法などが含まれている（中島 2020，井上 2020）．

中国当局はもちろん言及していないが，デジタル人民元のウォレットは中央からの追跡が可能となっており，政治的な統制手段としての利用も視野に入れているとの話も出回っている．

(2) カンボジア中央銀行・バハマ中央銀行の動き

カンボジア中央銀行は 2019 年 7 月から，デジタル通貨「バコン」に関して，金融機関・消費者・企業を交えた取引実験を開始している．カンボジアのバコンはカンボジア中銀と日本のブロックチェーン技術会社が共同開発したものである（中島 2020）．

バハマ中央銀行も2019年12月から，銀行・消費者・企業を交えた取引実験を始めている．カンボジアやバハマのケースは，中国のアリペイ，ウィーチャットペイの流通がそうであったように，中央銀行券に対するある程度の不信感が背景にあるといえるかもしれない．また，銀行券という紙幣の製造レベルの技術が若干低かったことが，かえって中央銀行デジタル通貨の導入を速めたという点では，一種の「リープフロッグ（カエル跳び）現象」だとも考えることもできよう．

(3) 先行するスウェーデン中央銀行

スウェーデンでは，先述のように急ピッチでキャッシュレス化が進んでおり，Swishという個人間の「携帯番号送金」が導入されたことで，急速に現金を使

図6-10　各国現金対名目GDP比率の推移

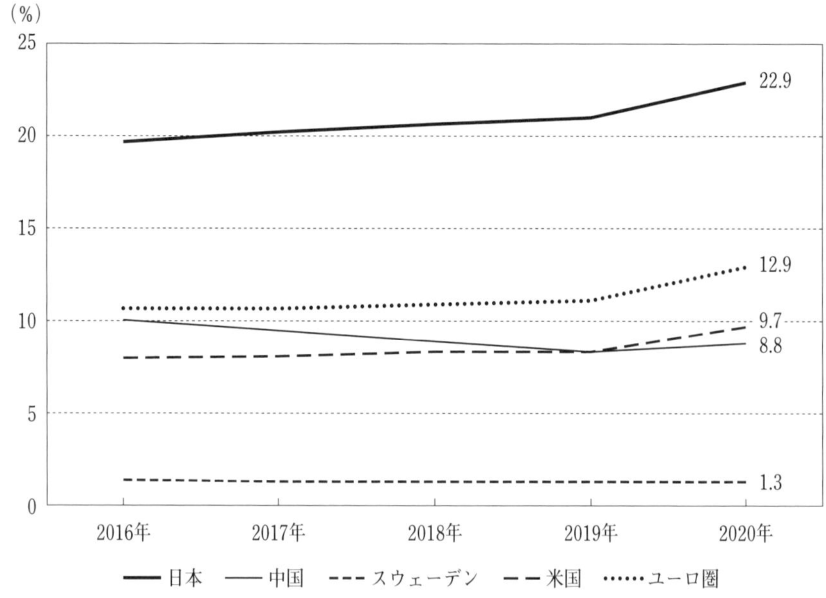

（出所） BIS資料（Banknotes and coins in circulation, Value as a percentage of GDP）より筆者作成．

わなくなっている．スウェーデンの人口の7割以上が利用している．

現金流通高の名目GDPに対する比率を見ると，2020年で日本の22.9%，ユーロ圏の12.9%，米国の9.7%などに対して，スウェーデンではわずか1.3%である．

こうした状況下，スウェーデン中央銀行では，中央銀行マネー“eクローナ”を発行しようとしている．スウェーデン中央銀行では，2019年4月に，議会に対して，法貨のコンセプトを見直すための委員会の設置を要望した．法貨をデジタル化するにあたって，法的な見直しの必要性の有無を検討し，必要な立法措置を講じるためである．スウェーデン中央銀行では，2020年2月からパイロットテストを始めている（中島 2020）．

(4) 米国・欧州の動き

米国は，中国と異なり中央銀行デジタル通貨の開発に慎重であったが，このところ積極姿勢に転じたかのように思える．2021年2月にパウエルFRB議長はデジタルドルについて「非常に優先順位が高いプロジェクト」として位置付けるとの発言を行っており，イエレン財務長官も同じく2021年2月に「より早く安全で安価な決済手段としてデジタルドルは効果的な手段」と歩調を合わせている．そして2022年1月に，FRBは中央銀行デジタル通貨（CBDC）に関する市中協議ペーパーを公表し，CBDCの発行自体については未だオープンとしつつも，メリットやリスクについて民間からもコメントを求めている．

欧州では，ECBにラガルド総裁が就任（2019年11月）してから，中央銀行デジタル通貨（CBDC）への姿勢が積極化している．2020年10月には一般利用型のデジタルユーロについて報告書をまとめたほか，2021年3月にはECBのパネッタ専務理事がデジタルユーロの発行は約5年後との見通しを示した．

現在ECBは，デジタルユーロプロジェクトの調査フェーズをスタートさせており，その結果を踏まえて，約2年後を目途に発行の是非を判断する方針を明らかにしている．

(5) 日本銀行の動き

日本銀行では，2020年7月に決済システム局内に中央銀行デジタル通貨（CBDC）検討グループを立ち上げ，局長クラスをグループ長として任命した．2021年4月には中央銀行デジタル通貨（CBDC）の第1段階の実証実験をスタートさせている．コンピューター上で疑似的にCBDCを発行し，基本的な機能のチェックを行うこととなっている．第1段階は2022年3月に終了し，第2段階では周辺機能・追加機能の拡張実験を行う予定である．その後，第3段階で，民間事業者や民間金融機関や個人も参加してのパイロット実験を実施することとなっている．

日本銀行はこれまで，CBDCの発行自体については慎重な姿勢を崩していなかったが，担当の内田真一理事は，2021年10月の「中央銀行デジタル通貨（CBDC）に関する連絡協議会（第2回）」の開会挨拶で，「日本銀行として現時点でCBDCを発行する計画はないというこれまでの基本的な考え方」には変わりはないとしつつも，「CBDCを発行するということが大きな決断であると同時に，世界各国で真剣な検討が進むなかで発行しないということも大きな決断になってきて」いるとし，「発行しないのであれば，どうやってデジタル社会にふさわしい決済システムを構築していくか」考えなければならないとしたうえで「いずれにしても現状維持はありない」と発言している．

こうしたなか，2022年1月28日の衆議院予算委員会で黒田東彦総裁が「日本においても，少なくとも2026年ぐらいまでには，賛否じゃなくて能否の判断についてはできているとの理解で大丈夫か」との質問を受け，「個人的にはそう思う」と応えた（2022年1月の国会衆議院予算委員会中継録画より）．すなわち「現段階では発行を決めたわけではないが，実証実験を段階的，計画的に実施しており，今後は制度設計の検討もそろそろ始めようと考えている」との一段踏み込んだ発言を行っている．

もちろん，技術的実験や制度設計のみならず，政府，民間事業者を巻き込んだ広範で大規模な取り組みが必要であるうえ，国際標準化との調整も不可欠としつつも，時間軸の上で一定の目途を示したものと受け止めてよいだろう．

日本銀行においても，中央銀行デジタル通貨＝CBDCの発行を決断する時期が迫ってきている．

Box 6　中央銀行デジタル通貨の実験

中央銀行デジタル通貨の実験はどのように実施されるのか．もちろん中央銀行デジタル通貨の発行形態や属性によって実験内容はまちまちなのだが，ここでは日本銀行の実験内容を見てみることにする（日本銀行 2021a）．

〈第1段階概念実証フェーズ1〉

コンピューターシステム上に実験環境を構築したうえで，中央銀行デジタル通貨（CBDC）の基本機能（発行，払出，移転等）の検証を実施する．2021年4月から2022年3月までの予定．具体的には，オンライン決済を前提にいくつかのパターンを構築して実施する（中央銀行の口座振替型やトークン型等）．金銭データへIDを付与するかどうかもチェックする．

同時に，投入データが通常処理できる範囲の負荷テストと，意図的に処理能力に過負荷を与える負荷テストを実施して，パフォーマンスの違い等を検証する．また，24時間365日稼働し続ける能力（可用性と呼ぶ）を確認することやセキュリティチェックも実施する．

〈第2段階概念実証フェーズ2〉

フェーズ1で確認した中央銀行デジタル通貨（CBDC）の基本機能に，周辺機能，追加機能を付加して，実現可能性を検証する．

具体的には，複数口座を保有する場合の実験やオンラインを離れたオフライン状態での決済の仮想実証実験を行う．

また，全銀システムなどの民間決済システムや租税システムとの連携も確認する．

加えて，CBDCの保有額，（年間）取引額の制限をかけることや，CBDCに利息を付けるかどうかの実験も実施する（特に利息を付けるかどうかについては，これまでの「現金」のイメージを覆すことにつながる可能性がある）．

〈第3段階フェーズ〉

日本銀行は第3段階に実験内容について，明確には言及していないが，おそらく，民間金融機関や民間事業者さらに個人にまで実験対象を広げ，具体的なパイロットテストを実施するものと思われる．

　こうした実験過程においては，技術的な観点に止まらず，中央銀行デジタル通貨と民間の「電子マネー」との共存・補完関係や，金融システムの安定性確保という観点からさまざまな議論を呼ぶものと思われる．

Box 7　イタリアにおける現金決済に関する規制

イタリアでは，一定金額以上の決済に現金を使用することを禁止するアプローチを採用している（田中 2015）.

イタリアでは，1,000 ユーロ（約 13 万円）以上の取引について，現金，自己宛て小切手，郵便小切手，または無記名債権によって決済することを禁止し，1 回の決済を複数の決済に分割することも禁止している.

加えて，金融機関は，小切手または郵便小切手を発行する際は，原則として，譲渡禁止条項を挿入しなければならず，譲渡禁止条項のない小切手を発行する際には，顧客から書面による申請書を徴求しなければならない．また，額面金額が 1,000 ユーロ以上の小切手または郵便小切手には，必ず受取人名を記載し，譲渡禁止条項を挿入しなければならない．一般に小切手は持参式（小切手の引き渡しによる私人間の譲渡を予定し，持参人が銀行等において支払呈示をすることで支払いを受けられるもの），記名式（振出し時に受取人名を記入し，当該受取人以外は支払呈示ができないもの），または指図式（受取人が裏書譲渡した第三者も支払呈示が可能なもの）の 3 種類に分けられるが，イタリアでは，受取人名の記載と譲渡禁止条項の挿入が義務付けられる結果，記名式以外の発行が許されないこととなる.

なお，上記各禁止義務は，行政罰によって担保されており，違反者に対しては，財務予算省より決済金額の 1 ないし 40%の反則金（行政罰）が科される．この規制は，預金決済に対するものであるが，金融機関からは事実上 1 日 1,000 ユーロ（約 13 万円）以上の預金引き出しが不可能であることを意味している．現金決済規制は，導入当初の上限額は 2,500 ユーロであったものが段階的に引き下げられ，2011 年 12 月に 1,000 ユーロとなり，現在に至っている.

この現金決済規制は，現金の匿名性を利用したマフィア等のマネーロンダリングや脱税を防止するための措置であるが，イタリアのような先進国で，1 日 1,000 ユーロの引き出し規制の下で，市民生活が平常に営まれている．預金保険機構に出向中，イタリアの当局者からの本件の話を聞いたときは，皆本当に驚き，思わず「イタリア中央銀行のシニョリッジは大丈夫なのか」とか「金融機関の信用創造機能が失われるのではないか」といった質問が飛んだが，イタリア当局者からは「問題ない」との回答であった.

11. 中央銀行デジタル通貨時代の取り付け

(1) 中央銀行デジタル通貨の流通量が銀行券流通量を上回るまで

中国，スウェーデンが先行する形で，中央銀行デジタル通貨の本格的流通が現実味を帯びている．しかし，中央銀行デジタル通貨が中央銀行の発行する銀行券を発行量として上回るまでには，相当時間を要するだろう．通貨の変遷が，その時代その時代の技術革新によってもたらされてきたことは，観察的な事実としてはそのとおりだと考えられるが，通貨に関する技術革新は，新しい形態の通貨発行の必要条件であっても十分条件ではないだろう．特に，日本のように，偽造変造対策が万全な日本銀行券が発行されている場合は，銀行券から中央銀行デジタル通貨への切り替えは相当時間がかかると考えていた方がよい．

中央銀行デジタル通貨と銀行券の併存する社会が相当期間続くと思われる．そうした社会における取り付けはどのような形態になるのだろうか．

(2) 議論の前提

もちろん，中央銀行デジタル通貨の発行形態や流通形態によって議論の前提はかなり変化する．

論点としては，まず，第1に中央銀行デジタル通貨を保有する主体が銀行券同様に広範な国民が保有できるとするか，現在の中央銀行当座預金のように中央銀行に口座を持っている銀行等に限られるのかといった論点がある．

第2に発行形態が，中央銀行の口座の残高を動かす「口座型」なのか，スマートフォンやICカードのアプリなどに格納し，その間で直接やり取りをできる「トークン型」をイメージするのかという論点がある．

なお，第3に匿名性の有無という観点からは，「口座型」の場合は，現在日本銀行ネットで行っている口座振替と同様の操作をすることになるので，少なくとも中央銀行＝日本銀行は振替操作者を把握できるため，厳密な匿名性は付与できない（柳川・山岡 2019）．

一方,「トークン型」の場合は, トークンを格納する際の暗号技術により, 匿名性の付加が可能である.「トークン型」の中央銀行デジタル通貨を設計する際, 偽造対策としてはブロックチェーン技術が必須になるが, 匿名性の付与には従来型の暗号技術でも可能と考えられる.

第4として, 発行量のコントロールを行うかどうかという論点がある.「中央銀行デジタル通貨の発行量の制限を設けない場合, ストレス（金融危機）発生時には, 中央銀行デジタル通貨への交換が大規模に起きる可能性がある」(柳川・山岡 2019). これが次に記述する中央銀行デジタル通貨時代の取り付けである.

ここでは, 中央銀行デジタル通貨時代の取り付けに焦点を当てるため, 議論の前提として, ①中央銀行デジタル通貨を保有する主体が銀行券同様に広範な国民が保有できており, ②発行形態はスマートフォンやICカードのアプリなどに格納し, その間で直接やり取りをできる「トークン型」をイメージし, ③暗号技術により匿名性が確保され, ④ストレス時には, 預金から中央銀行デジタル通貨への交換が大規模に起きる可能性があるため発行量のコントロールを行う, ことを前提として論を進めることとする.

(3) 市中のスマートフォン決済業者の存在

現在, 先述のように中国においては, アリペイ, ウーチャットペイなどの民間スマートフォン決済が市中決済の柱となっている. 日本においても PayPay などの民間決済業者の事業拡大が続いている.

こうしたスマートフォン決済業者は民間組織なので, 当然のことながらクレジットリスクを内包している. スマートフォン決済業者が何らかの理由で経営悪化し, 破綻懸念先となる場合を考えてみよう.

仮にこの破綻懸念のあるスマートフォン決済業者が発行している電子マネーを Xpay としよう. Xpay は, 中央銀行デジタル通貨との交換が可能であり, また, 銀行の預金口座との交換も可能であるとしよう. こうした状況下で, 何らかの理由で, Xpay 社の業況が悪化すると, Xpay 社のスマートフォン決済ア

図 6-11　デジタル円が広範に行き渡った世界での取り付け（Xpay の取り付け）

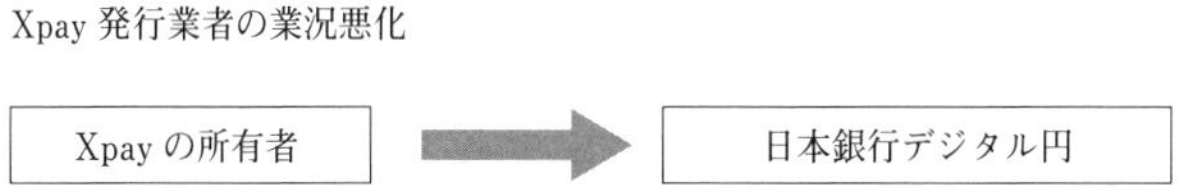

（出所）　筆者作成.

プリを利用している人はどのような行動をとるだろうか．この時点で中央銀行デジタル通貨，仮に「日本銀行デジタル円」が幅広く流通していて，Xpay と日本銀行デジタル円との交換が可能ならば，おそらく Xpay アプリを持った人は雪崩を打って日本銀行デジタル円への交換を選択するだろう．銀行券と違ってスマートフォンの操作だけで交換が可能なので，その速度は極めて速い．これが，中央銀行デジタル通貨が広く流通している社会での第１段階の「取り付け」すなわち “Dash For Cash” の一種で “Digital Bank Run” と呼ばれるものである（図 6-11）．

(4)　デジタル円が広範に行き渡った世界での取り付け

この急激な交換を止めるために，日本銀行デジタル円への交換を日本銀行サイドから一定額以内にコントロールすることは可能である．ただ，日本銀行デジタル円への転換を規制すると，日本銀行デジタル円におそらくプレミアムが発生するという効果が検証されている（柳川・山岡 2019）．

また，銀行券も並行的に流通しているとの前提を置き，Xpay から日本銀行デジタル円への転換を規制すると，Xpay を持った人は追加的にどのような行動をとるだろうか．手元流動性を高めるという行動を阻害されたわけなので，手元流動性を高めるべく，まず Xpay を操作して，銀行の預金口座に入金し，その後，ATM もしくは銀行店舗で銀行券に交換するという行動をとるのではないか（現在でも PayPay 等と銀行の預金口座は連動している）．中央銀行デジタル通貨が幅広く流通している社会においても，「取り付け」・“Dash For Cash”・“Digital Bank Run” は最終的には，銀行券への交換になる．いわば，第２段階の取り付けである．Xpay の所有者が，Xpay から銀行預金に移した残高より

図6-12　デジタル円が広範に行き渡った世界での取り付け（Xpayから銀行預金に）

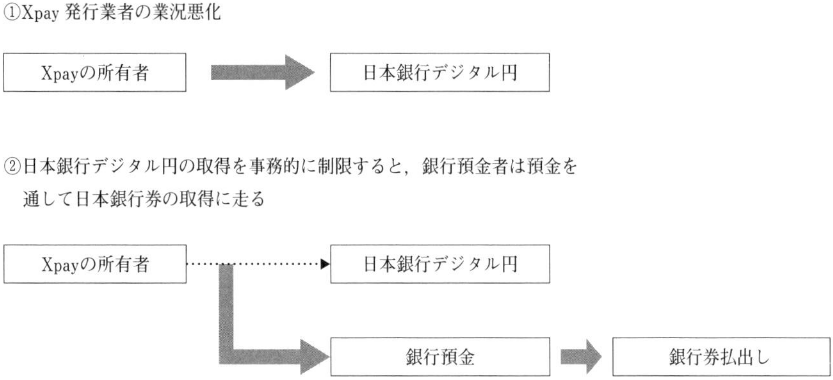

（出所）筆者作成.

も多く銀行預金から銀行券の払い出しを行うことがあれば，当該銀行自体の「取り付け」に進展する可能性もあるだろう.

中央銀行デジタル通貨は流通している世界でも並行的に銀行券が流通している場合，最終的なストレスは銀行券の払い戻しにかかってくる．Xpayや中央銀行デジタル通貨の流通している世界では，「取り付け」・“Dash For Cash”・“Digital Bank Run” のスピードは加速するであろうから，銀行券払い出しにかかる負担も大きくなってくる（図6-12）.

(5) 総括——預金口座からの払い出し制限が必要

以上のように中央銀行デジタル通貨や市中のスマートフォン搭載型の電子マネーが幅広く流通している社会においても，紙幣（銀行券）の流通が残存している限り，電子マネー→中央銀行デジタル通貨→，もしくは電子マネー→銀行預金→銀行券という流れで「取り付け」が発生することには変わりはない．また，電子マネーからの中央銀行デジタル通貨や紙幣（銀行券）への代替のスピード（すなわち「取り付け」のスピード）は，操作の手間が少ない分，現在よりも加速することが予想される．その意味で，最終的に紙幣（銀行券）支払いにかかるストレスは格段に上昇することが予想される．

結局，「預金債権はいつでも全額引き出せるはず」というテーゼにすべての問題の根源がある．そもそも，権利行使にある程度の制限をかけること自体には問題はない．現状でもATMネットワークを利用する場合は，預金者1人当たり1日当たり30万円～50万円の引き出し制限がかかっている．先述のように，イタリアでは犯罪防止の観点から，1人1日当たり1,000ユーロしか事実上引き出すことができない．イタリアではそうした制限がかかってすでに10年近くが経過しているが，市民生活上重大な支障が生じたという話は聞こえてこない．また，米国においてFDICは，やはり犯罪防止の観点から，破綻金融機関の銀行券払い出しには制限を設け，一定額以上については，小切手による支払いを実施している．

銀行の窓口とATMを合わせ，1人1日当たりの預金引き出し額に上限を設けるべきである．通常時は1人1日当たり50万円程度としておき，金融危機時には1人1日当たり10万円程度の引き出し制限を設けることではどうか．1人1日当たり10万円しか払い出されないのであれば，取り付けに参加する預金者もさほど増えることはないだろう．取り付け対象となっている銀行に対して払い出し制限をかけることもできるし，システミックな取り付けが発生した場合は，すべての銀行に払い出し制限をかけるというプランもありうるだろう．

「預金債権はいつでも全額引き出せるはず」というテーゼを頑固に守っても，システミックな取り付けに際し，銀行システム，中央銀行システムにおけるストレスを倍加させるだけである．

Box 8　中央銀行デジタル通貨の残された課題

そもそも中央銀行デジタル通貨の実現に向けては，技術的観点もさることながら，法的・制度的な問題点が解決されなくてはならない．

(1) 法整備の必要性（日本銀行 2020）

〈法貨性の付与〉

現在の銀行券と貨幣は法貨性が認められている（日本銀行法46条2項，通貨の単位及び貨幣の発行等に関する法律7条）．中央銀行デジタル通貨についても法貨性を認める法改正を行う必要がある．

〈日本銀行法上の要改正点〉

日本銀行法の業務規程は基本的に限定列挙されている（日本銀行法33条）．中央銀行デジタル通貨特にトークン型を発行する場合には，これまでの業務類型に当てはまらない可能性が高いといえる．業務内容を追加する必要が出てくる可能性が高い．

〈刑法上の改正点〉

通貨偽造罪（刑法148条）では，「通用する貨幣，紙幣，又は銀行券」との記載となっており，中央銀行デジタル通貨を明示的に追加する必要がある．また，偽造のあり方も変化するため書きぶりも留意する必要がある．

(2) 民間とのすみわけ

中央銀行デジタル通貨を発行する際には，民間電子マネー発行業者や民間銀行との調整もしくは棲み分けを議論する必要が出てくる．日本銀行の実験においても，民間電子マネー発行業者や民間銀行をどのように絡めていくかが，大きな課題となっている．

(3) 特許法上の問題

〈周辺特許の制限を考えるかどうか〉

現在，「すき入れ紙製造取締法」により，すき入れ紙は，政府の許可なくしては製造ができなくなっている．すき入れ紙が銀行券のみならず収入印紙等にも用いられているためである．また，許可した場合も国立印刷局による調査が入ることになっている．

中央銀行デジタル通貨に関しても，偽造防止の観点から，中央銀行デジタル通貨の中核的な特許の使用を禁ずることも考えられる．

〈海外中央銀行の特許調整問題〉

もっとも，日銀デジタル円の場合，国内でそうした制限はかけられるとしても，国外では通用しない．むしろ，中国人民銀行が80余りの中央銀行デジタル通貨関係の特許をすでに申請済みであることを考えると，中国政府サイドから特許侵害を主張される可能性もあるといえよう．

また，中央銀行デジタル通貨関連の特許は，いわゆるGAFAと呼ばれる企業群が多く保有している．GAFAが特許侵害を主張した場合どうするかという問題もある．

(4) 国際標準化への動き

前述の特許問題とも関連するが，CBDCの国際標準化も大きな課題である．この点については，中国がデジタル人民元の実験で先行するとともに，中央銀行デジタル通貨の国際標準化を主導しようとする動きを見せている．

これに対抗するかたちで，日本銀行などG7の中央銀行では，2021年10月のG7会合で，中央銀行デジタル通貨に関する共通原則をまとめ，公表している．この中では，技術的側面にとどまらず，中央銀行デジタル通貨が透明性のある競争的な環境下で運営されなくてはいけないことや，プライバシーの順守などを盛り込んでいる．日本銀行の黒田東彦総裁も2022年1月28日の国会の予算委員会の答弁で，「市場経済下の，民主主義の政治体制の中で，中央銀行デジタル通貨の国際標準を定めていかなくてはならない」と述べている．

将来的に同じスマートフォンに，デジタル円とデジタルドルを搭載するような時代がくることを考えると，現実的な課題といえよう．

補　論　公的資金注入の評価と問題点

1. 政策対応としての公的資金注入の評価

平成金融危機においては，さまざまな危機対応策が実行されたが，公的資金注入が最も効果的であったと思える．例えば，当時顕著であったジャパンプレミアム[1]や日銀短観の貸出判断 DI の推移を見ると，安定化法による公的資金注入（1998 年 3 月実施）によって，危機が沈静化し，健全化法による公的資金注入（1999 年 3 月実施）によって，危機を脱していることが観察される（図補-1）．

また，平成金融危機当時，日本銀行でプルーデンス部門の局長，理事を歴任していた安斎隆[2]氏も公的資金注入が最大の決め手であったという考えを示している（安斎 2019）．

1)　ジャパンプレミアム　ロンドン市場におけるバークレイズ銀行と東京三菱銀行（当時）の調達金利差〈月末値〉（預金保険機構 2007）．

2)　安斎隆（あんざい　たかし）．1941 年生まれ．1963 年日本銀行入行，94 年日本銀行理事に就任．98 年日本長期信用銀行頭取．2001 年アイワイバンク（現・セブン銀行）代表取締役社長．2018 年 12 月，東洋大学理事長．

図補-1　ジャパンプレミアムと全産業貸出態度判断 DI の推移

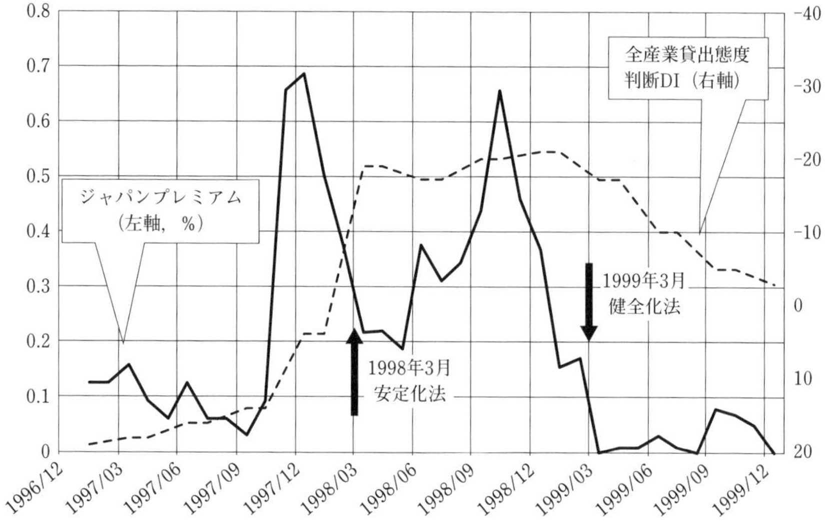

（注）　全産業貸出態度判断 DI については，縦軸を反転させて記載．
（出所）　日本銀行および預金保険機構資料をもとに筆者作成．

2. 公的資金注入の問題点

公的資金注入は平成金融危機においては，有効な政策手段であったと考えられるが，その適用は遅れた．その理由は，公的資金注入に対し世論の強い抵抗があったためである[3]．

平成金融危機の際には，1995 年の住専問題時に，住専関連の公的資金注入に対し世論が沸騰し，国会審議も紛糾した．この時期，公的資金注入を認めるためには，破綻した金融機関経営者への責任追及が必要との世論が広範に拡まっ

3)　当時「なぜ金融機関を公的資金で救済するのか（平時は良い処遇を得ているにもかかわらず）」との「世論の怒り」が発生し，政策当局も発動をためらった．こうした「世論の怒り」は前述のように昭和初期の金融恐慌時にも同様に発生している（西畑 2012）．

た．このことにより金融危機がピークに達する1997年末まで「世論の怒り」を恐れ，金融機関経営者に「公的資金注入」への忌避感が蔓延することとなった．

3.「世論の怒り」を数量的に把握する試み

預金者の危機意識と同様，「世論の怒り」についても数量的に把握できないか，検討する．危機意識と同様に，新聞記事の「公的資金」等のワード群と新聞記事の「経営者責任」等のワード群を，抽出して，この双方のワード群の関連を計測してみた（図補-2，図補-3）．

朝日新聞について両ワード群を抽出して時系列データを作成し，住専問題時と1997年11・12月危機時の「公的資金」等のワード群と「経営者責任」等のワード群との関係を観察する．

朝日新聞の「公的資金」群と「経営者責任」群の関係は，住専問題時に比べ，

図補-2　公的資金ワード群の推移（朝日新聞）

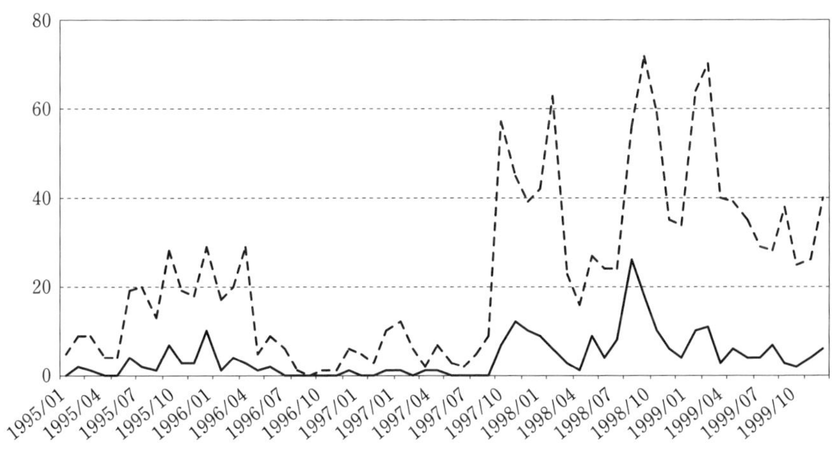

（出所）　朝日新聞記事をもとに筆者作成．

図補-3　経営責任ワード群の推移（朝日新聞）

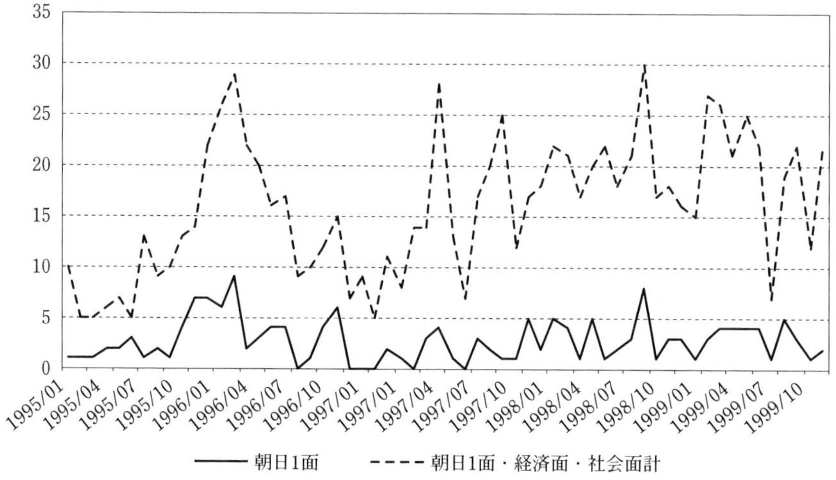

（出所）朝日新聞記事をもとに筆者作成．

1997年11・12月以降は「公的資金」を許容する方向に少しずつ移動しているように見える（図補-4の95.4～97.3破線の動き．97.4～99.3実線の動き）．

1997年11月時点では平成金融危機の前期における不正融資絡みの経営者責任追及はかなり進んでおり，コスモ信組，木津信組，阪和銀行等の旧経営陣に対しては民事のみならず刑事訴追が実施されていた．住専問題時と異なり，金融機関経営者に対する責任追及があることが一般世論にも徐々に浸透していたと考えられる．「不正融資等によって金融機関を破綻させた金融機関経営者は処罰を受ける」という認識が，「公的資金注入」のハードルをある程度下げた可能性がある．すなわち，「きちんと責任追及すれば（もしくは責任追及することが事前にわかっておれば）公的資金注入は十分にフィージブルな手段となりうる」ということではないか[4)5)]．

4)　1997年11月までに，平成金融危機の初期の段階で破綻した金融機関のうち，安全信組，東京協和信組，コスモ信組，木津信組，大阪信組，神奈川県信組，東海信組，阪和銀行の旧経営陣等に対し，刑事訴追が実施されており，この時点で一審有罪判決を受けた者もあった．

図補-4　公的資金ワード群と経営責任ワード群の相関（朝日新聞１面）

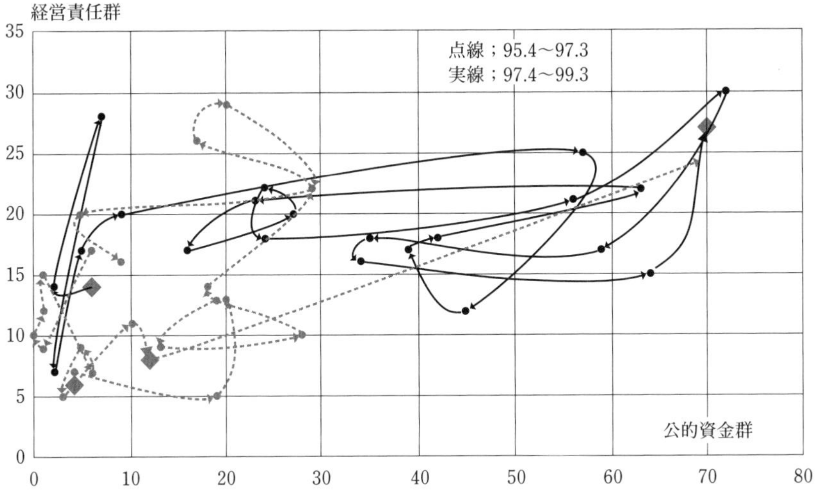

（出所）　朝日新聞記事をもとに筆者作成.

4. 公的資金注入論と経営者責任追及論の整理

(1) 公的資金注入論と経営者責任追及論

金融危機時における金融機関経営者に対する責任追及は公的資金注入の「対価」との側面がある.

金融機関経営者に対する責任追及の歴史を戦前からの長期間で捉えてみると, 1930 年代の米大恐慌時においては法的な責任追及はほとんどなされていない (議会による委員会・公聴会等での糾弾はあったが金融機関経営者に対する刑事責任追及の形跡はほとんど見られない). また, 日本の戦前の昭和金融恐慌時においても, 刑事責任追及は稀である (西畑 2012).

一方, 米国の 1980 年代 S&L 破綻時には大量の刑事訴追者を出している. ま

5)　当時の新聞社説でも 1997 年 11 月 12 月危機時以降は公的資金注入を容認する論調が増えてきている (西畑 2012).

た，日本の平成金融危機においても，民事賠償請求のほか，刑事訴追も多数行われている（西畑 2012）．

リーマンショック時においては，米国では地銀クラスの経営者は責任追及を受けているケースがある一方，いわゆるマネーセンターバンクや主要な投資銀行経営者に対する民事・刑事の責任追及は見られない．リーマンショック時には公的資金注入（ベイルアウト）に対する「世論の怒り」が沸騰したが，その後，急速にベイルインへの議論が進んだのは，マネーセンターバンク等の主要な金融機関における経営者責任論とベイルアウトとのリンクをデリケートな議論としてわざと避けたためではないかとさえ考えられる．

(2) 住専処理の公的資金注入のトラウマ

公的資金による資本増強制度が最初に問題となったのは，住専処理においてである．住専とは「住宅金融専門会社」のことである．当初は住宅金融中心に業務を行っていたが，バブル期には融資先を求めて，不動産業者への大量の貸し込みを行った．住専各社が融資していた不動産会社とは，例えば「末野興産」「朝日住建」といった著名なバブル企業であった．

住専は，貸出先を不動産業に特化していたため，バブル崩壊・地価下落の影響をいち早く受け，不良債権問題の表面化も金融機関本体に比べて早かった．

1995 年になると，住専の経営は深刻さを増し，住専の破綻をどうスムーズに着地させるかという問題に移っていき，1995 年末には，6,850 億円の公的資金の注入が政府方針とされるに至った．公的資金による注入措置という意味では事実上初めてとなるものであり，ある意味画期的な制度導入であったが，翌 1996 年にかけての国会審議を通じて，メディアや世論から激しい反発をうけることになった（いわゆる住専国会での議論紛糾）．

例えば，公的資金注入に比較的早期から一定の理解を示していた日経新聞は 1995 年 7 月 30 日の社説で「住専の整理を決断し財政資金の導入を」と題して「巨額の不良債権を抱える住専をこのまま再建させるのは難しい．放置すれば，金融システム全体に傷が深くなる．住専の整理を決断し，財政資金を導入して解決を急ぐ時である」と述べているが，住専処理をめぐる政治的暗闇が表面化した後，同年11月21日には「住専は密室行政をやめ法的処理を」と題した社説を掲げ，公的資金注入反対論に転じている．

住専処理の解決を複雑にしていたのは，農林系金融機関が住専の経営に深く関わっていたためである．農林系国会議員は，住専処理にあたって，農林系金融機関の負担を極力減少させるように働きかけたのである．この結果，メディアや世論には「住専処理は結局，農林系金融機関の救済策に過ぎないのではないか」という認識が生まれた．

こうした経過の末，金融当局のみならず，国会においても公的資金注入について一種の「タブー視」するムードが醸成され，これが一種のトラウマになり，本格的な公的資金による資本増強制度導入を結果的に遅らせることになった．

(3) 責任追及の必要性

公的資金注入をめぐる世論を見ると，拓銀破綻前後でも金融機関へ公的資金を注入することへの抵抗感も根強いものがあった．金融機関サイドでも，公的資金注入を受けることにより，経営者等の辞任等を迫られるのであれば，公的資金注入自体を拒否したいとの心理も働いていた（金融機関の体力差も大きかった）．一方，金融危機回避のためには，一刻の猶予も残されていない状態であった．

いわば，「公的資金注入は必要だとしても，金融機関経営者の責任を追及すべき」との〈世論〉と，「責任追及されるのであれば公的資金注入を避けたい」〈金融機関〉と，「一刻でも早く生きていける金融機関に公的資金を注入した

図補-5　世論と監督当局と金融機関経営者の三竦み

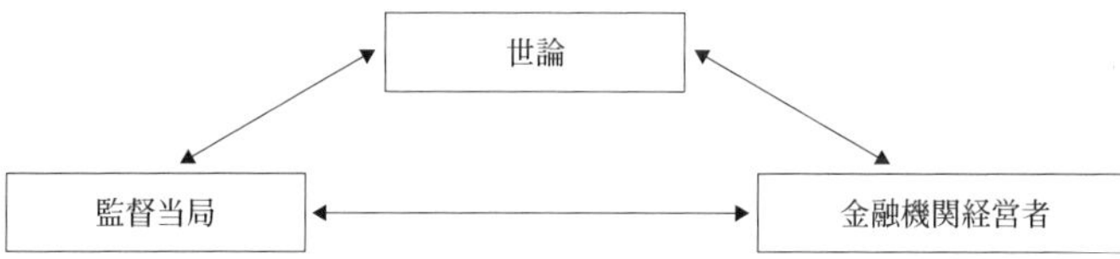

い」〈監督当局〉が三竦みの状態になっていたといえる．

こうしたなかで，「金融機関経営者への責任追及」を「破綻金融機関経営者への責任追及」と微妙に移し替えることで，この三竦みを打開しようとする動きが出た．1997 年 12 月 15 日に「金融システム安定化のための緊急対策」（自由民主党緊急金融システム安定化対策本部）が，「金融システム安定化のため，金融機関の発行する優先株や劣後債を公的資金により購入し，その自己資本充実を支援する」ことを打ち出した．金融機関に対する公的資金注入を全面的に打ち出した提言であったが，金融機関経営者や公的資金注入に対する世論の強い抵抗感を踏まえ「（公的資金注入の）検討に際しては，（イ）国民の理解が得られる，（ロ）個別金融機関ではなく金融システムを守るものである」（金融財政事情研究会『金融財政事情』1998 年 1 月 5 日号，90 頁）こととしている．

一方で，三竦みを解消するためには，金融機関に公的資金注入を受け入れやすくさせなければならなかった．保岡興治氏（当時自民党金融システム安定化対策小委員長）は，「破綻処理の場合は，その金融機関はなくなるか，全く新しい金融機関に生まれ変わる．経営陣はもちろん今までの経営は全部払拭される．決して破綻金融機関を援助するというものではない．（公的資金注入は）優良なのに異常事態の標的にされた銀行や，破綻処理の受け皿として協力してくれる銀行に，資本注入して経済を守るということだから，モラルハザードというより，国の金融システムを守る支えになる金融機関や受皿金融機関には，むしろ協力を求めやすいようにしなければならない．それは破綻した銀行の救済とは峻別しなくてはいけない」（『週刊東洋経済』1998 年 1 月 3 日号，76 頁）としている．

(4)　リーマンショック後の公的資金注入

リーマンショック時における AIG，シティ，BOA 等に対する公的資金注入は，少なくとも「市場の崩壊」を食い止めるという意味では，大きな効果があったと言える．事実，図 4-2 を見ると，大規模な公的資金の注入の後，CDS の悪化が一時的ではあるにせよ止まったり，改善したりしている．加えて，その後の市況回復により，注入資金は注入時に比べ，大幅に嵩上げされて回収されている.

にもかかわらず，リーマンショック後の金融規制の動きを見ると，公的資金注入は政策としては排除される方向となった．これは，各国で沸き上がった「世論の怒り」に対する対応のためである.

危機対応策としての公的資金注入は2008年9月前後から連続的に発動され，少なくともパニックを加速することを防止したという意味で，相応の効果を挙げたと考えられるが，その前後でも欧米では主要金融機関・主要投資銀行経営者への責任追及はなされなかった．むしろ，公的資金注入政策を封印することで，議論をスライドさせ，「世論の怒り」を鎮静化しようとする方向に動いたと思える.

(5) ベイルインへ

この「公的資金注入の封印」により，BISのFSB（金融安定理事会）の議論でも，AIGやシティを最終的に政府が支援したことへの「反省」から，(a) 国際的に重要な金融機関（G-SIFIs）を選び（世界で30，日本では3メガバンクと野村証券），(b) 一般の金融機関に比し自己資本の更なる積み増しを要求するとともに，(c) 破綻に際して混乱を最小限に抑えるような破綻処理の枠組みの整備を求める方向で議論が進んだ[6)7)].

(6) TLAC（総損失吸収能力）規制[8)]

その結果として，FSBにおいてTLAC（総損失吸収能力）規制が策定された.これは，従来のバーゼル規制の自己資本に加え，元本の削減・免除を要求できる債券・預金を資本に含め，金融機関が危機に陥っても公的資金を注入（ベイ

---

6) FSB: Financial Stability Board. 金融システムの安定のための国際協議機関主要25か国・地域の中央銀行，金融監督当局，財務省，BIS，IMF，OECDの代表で構成，事務局はバーゼルのBIS内に設置.

7) G-SIFIs: Global Systemically Important Financial Institution. 国際的に重要な金融機関.

8) TLAC: Total Loss-Absorbing Capacity.

ルアウト）せず，資金を提供した債権者や預金者なども負担を負うことで処理（ベイルイン）しようとするものである．

この処理は，破綻当初の数日間で，「頭」である持株会社に金融機関全体のロスを集中させて処理を行うとともに，「体」である金融機関本体は存続させる，という考え方である（金融庁 2016）．

金融市場への大規模な波及を防ぐ目的で，破綻処理開始当初の数日間，主要なデリバティブ商品等についてはデフォルトを停止する措置を採り，数日の間にその債権債務関係を整理・調整する，という手法も付加されている．

しかしながら破綻処理実務の観点からすれば，この破綻当初数日間の処理は物理的に非常に困難である．デフォルトを停止する数日間に，大量のデリバティブ商品について，相対で債権債務関係を整理・調整するためには，海外の事情も踏まえつつデリバティブ商品等の法的知識をもった膨大な数のスタッフが必要であるし，時間的な制限を考えると実施自体が難しい．

また，主要なデリバティブ商品等については，デフォルト実行を停止する措置をとるとしても，対象となっている商品とそうでない商品を市場参加者が直ちに正確に判断できるとは限らず，その綻びから国際的な市場伝播型のシステミック・リスクが発生する可能性は残る．

また，後日提起されるかもしれない取引利害関係者からの訴訟に耐えられない可能性もある．

なお，米国では，破綻処理実行部隊である FDIC が準司法的権限を保有し，裁判所の関与なしに金融機関の破綻処理が可能になっている．この点，米国以外の国では司法当局との調整という負担があることも留意する必要がある．

一方，欧州各国は事実上大規模な金融機関を破綻処理した経験はほとんどないので「机上の空論でかまわない」と考えているのではないか[9)]．

仮に政策当局同士で「G-SIFIs は破綻させない」との暗黙の合意があるとしたら，処理方式の詰めを行ってもあまり意味がなく，G-SIFIs 自身と当局に「長

9)　英国を除く欧州各国は現時点でも金融機関破綻処理を実行できる預金保険制度もしくは代替できる組織を事実上持っていない．

期的な規制疲れ」をもたらすだけである．

なお，欧米と日本とのベイルインの考え方には微妙な違いがあり，日本の場合ベイルアウトを条件付きで容認するようにも見える点は留意しておく必要があろう．

(7) リーマンショック後の欧州の破綻法制

リーマンショック後の欧州の破綻法制はBRRD（Bank Recovery and Resolution Directive）およびSRM（Single Resolution Mechanism）により規定されている．

破綻処理コストは，①ベイルイン適格債務，②破綻処理基金の利用，③その他の公的資金，の順に充当する．特別な場合には，公的資金の使用も認めるが，それは，①無担保劣後債のベイルインがすべて実施され，②破綻処理基金が一定レベル（5%）まで使用された後に限っている．

(8) イタリア，モンテパスキ銀行への公的資金注入

2017年2月15日イタリア国会は，モンテパスキ銀行など経営難の金融機関に最大200億ユーロの公的資金注入を実施する法案を可決した（モンテパスキ銀行は1472年シエナで創業．本書冒頭でも記したように，現存する世界最古の銀行．資金量イタリア第4位）．

モンテパスキ銀行は，2014年のECBストレステスト（健全性審査）で21億ユーロの自己資本不足が指摘され，2016年末にかけて増資を試みたが，不調に終わり，政府による公的資金注入を実施することになったものである（モンテパスキ銀行分は54億ユーロ）．

債務超過ではない金融機関への予防的政府支援として，欧州委員会はこれを認めたが，前述の公的資金注入関する原則を事実上逸脱したものであり，実質的にはベイルアウトそのものといえる[10]．

10）　欧州委員会ルールでは，公的資金の使用も認めるが，それは，①無担保劣後債のベイルインがすべて実施され，②破綻処理基金が一定レベル（5%）まで使用された後に限るとなっている．この

イタリアの金融当局によると，モンテパスキ銀行が発行した劣後債の多くを個人投資家が保有していたため，ベイルインが実施されると多数の個人投資家が損失を被り，政治問題化することを防止することが，公的資金注入実施の公式的理由であるとしている．また，極めて多数の劣後債保有者の損失負担処理を具体的にどのようにして実施するのかということが，ベイルインを実施する実務上のネックとなったと考えられる．

モンテパスキ銀行は資金量ではイタリア第4位の銀行だがG-SIFIsではない．モンテパスキ銀行への公的資金注入は，ベイルインが政治的にも実務的にも機能しないことを如実に示したものだといえる．イタリア第4位の銀行で実施できなかったベイルイン的破綻処理が，より規模が大きく取引内容も複雑なG-SIFIsで実施できるとは考えにくい．

(9) 今後の金融機関処理の方向性

金融技術は日々革新する．結局，規制・検査・監督手法の精緻化だけでは，リスクの後追いを繰り返すだけである．新しいリスクの偏在を早めに把握できるのは，金融機関で新商品を扱うスタッフとそのライン責任者と経営陣なのではなかろうか．であるならば，金融機関で新商品を扱うラインの担当者・責任者・経営陣に「自ら適切なリスクコントロールをするべきだとの強いインセンティブを植え付ける」方が将来のリスク顕現化に着実に対処できるのではないか．

経営が悪化した金融機関の経営陣と最大の損失原因を作ったラインの担当者・責任者に民事賠償責任と行政罰を課してはどうか．経営陣等は自らリスクコントロールに邁進するはずである．例えば，経営悪化前10年に遡って対象関係者をリストし，経営悪化に伴う損失の一定割合を賠償させる．行政刑事罰も付加する．行政罰なので司法当局等の抵抗も少ないのではないか（なお，米国では行政罰の対象範囲ならびに種類が多様であり，S&L危機の際には行政罰

公的資金注入にはドイツ当局からもクレームがあった．

を使用しての多様な政策対応がなされている）（佐伯 2011，神吉 2011，西畑 2012）．

G-SIFIsには，例えば自己資本が4%を切って低下した場合は，自動的に強制的に公的資金注入措置をとり，破綻させない（また，金融機関の経営陣や取締役会等に抵抗できないような法的措置を整備しておく．平成金融危機時のように，金融機関経営者が責任追及を恐れて公的資金注入に抵抗することが考えられるためである）．

ネットワーク理論によると，「ハブ」金融機関の破綻はネットワーク全体に迅速に甚大な損害をもたらす．ハブ金融機関の典型であるG-SIFIsおよびそれに近い規模の銀行を破綻させることは，市場に与える影響等コストが大きすぎる．

公的資金を注入した場合は，G-SIFIsの損失原因を作った業務ラインの担当者・責任者・経営者に，破綻した場合と類似した賠償責任，すなわち自己資本が4%にまで低下した際の資本減額金額の一定割合を負わせ，行政刑事罰も付加することを検討すべきである[11]．公的資金，注入に対する「世論の怒り」は，民事賠償責任＋行政刑事罰で緩和できる．これでToo Big To Fail[12]に関しての「モラルハザード発生」は，当該金融機関の経営者に関してはかなり抑制できると考えられる．

(10) 公的資本注入論の結論

いまさらティンバーゲンの法則を持ち出す必要もないと思うが（正確な用い方ではないが），①経営が悪化した金融機関に公的資本注入を行って救済し金融危機を防止するということと，②「大きな金融機関を特別扱いすることは問

11) そのかわり，現時点でG-SIFIsに課せられている自己資本比率等の規制基準は緩めることとしてはどうか．

12) Too Big To Fail「大きすぎて潰せない」ことの問題点は，万が一経営に失敗しても，必ず救済されると考え，高い収益を求めて過度なリスクテイクを行うというモラルハザードが発生するためである．自己資本比率が大幅に低下すれば，自己が民事・行政刑事両面の不利益を被る可能性があることがわかっている金融機関経営者は過度なリスクテイクは行わないはずである．

題だ」と考える「世論の怒り」を鎮めることを，純粋な経済政策の範囲内で，両立して実現させることは極めて困難である．②の「世論の怒り」に対して，平成金融危機の際には，破綻金融機関の旧経営者に対する民事・刑事の責任追及を厳しく行うことによって，カバーしようとした．ただ，破綻金融機関の旧経営者に対する責任追及は，どうしても後追いになるし，時間も要する．

こうした責任追及に代わるものとして，巨大な金融機関に関しては，危機的な状況になれば，自動的に公的資金注入が行われることと，経営悪化を招いた経営陣と最大の損失原因を作ったラインの担当者・責任者には，民事賠償と行政罰を組み合わせたパニッシュメントがあるように事前的に制度設計しておけば，遅滞なく公的資金注入を実施できるだろうし，同時に「世論の怒り」を抑制できると考えられる．

結　語

取り付けが生じる根本的な要因は，第1章に述べたように，銀行が負債サイドに預金という，不安定な債務を原資として，貸出等の業務を行っていることにある．銀行にとって，この預金という不安定で流動的な負債と貸出等の非流動的資産の組み合わせが，歴史的経緯の中で生じた不幸な偶然の産物であったのか，それとも必然的なことであったのか，種々の議論があるところであろう．

また，第5章に示したように，取り付けについてもさまざまな形態があり，取り付けに至る経緯もさまざまであり，「取り付け」という一言でくくることは難しいとも思える．

しかしながら，共通していることは，取り付け開始時点における突然の局面の激変とその後の進行の猛烈なスピードということである．しかも，昭和金融恐慌や平成金融危機の場合には，システミック・リスクが顕現化し，「全国民参加」ともいうべき，極めて多数の預金者によって，「自主的」に行われた．

昭和金融恐慌では，1927年4月21日に銀行券の発行残高がわずか1日で前日比38%増という未曽有の数字を記録し，日本銀行では市中銀行に払い出す銀行券が払底して，発券銀行としての機能が麻痺する一歩手前まで追い込まれた．もちろん，銀行の店舗に殺到した預金者は，「自主的」にかつ「合理的」に行動していた．

翻って1997年11月12月の取り付けにおいては，11月17日の拓銀の破綻と23日の山一證券の廃業をきっかけに，健全な金融機関を含めて，一気に取り付けが始まった．しかも，健全な金融機関を含めて全国的に拡大した．日本のような先進国で預金者の意識も高く，しかも預金保険制度上の全額保護が徹底されているなかで生じた取り付けであった．

一旦発生してしまった取り付けの猛烈なスピードと勢いを止めるためには，

どうしたらよいのか.

昭和金融恐慌では，日本銀行を含め銀行の窓口を数日閉鎖したうえ，モラトリアムの実施という強硬手段をとらざるをえなかった．平成金融危機の場合は，約 40 日後に銀行に対する安定化法による公的資金投入が事実上決まるまで取り付けが続いた.

筆者が，個人の預金口座からの払い出しについて，1 日 1 人当たりの金額制限を設けることを主張しているのは，取り付けのスピードを少しでもスローダウンさせることができるからであり，例えば公的資金注入による抜本的な解決策をとるまでの時間稼ぎをする必要があると考えたからである.

加えて，日常的に預金口座からの払い出しを制限することにより，特に日本において顕著な「銀行券選好」を若干なりとも抑制させることができるのではないか．もちろん，現金の匿名性を利用した反社会的勢力による不正な現金決済を防ぐ効果も顕著にある.

計量モデルを使って，取り付けを解析・理論づけしようとした試みは，数多くあるが，静的モデルに時間概念を持ち込むことは無理であることを承知のうえで，取り付けの現象面で観察される，局面の激変と猛烈な進行スピードを説明しきれていないように思える．また，単独の取り付けからシステミックな取り付けへの変化過程についてはなおさらそうである．今後の検討課題としたい.

参考文献

明石茂生（2015），「古代メソポタミアにおける市場，国家，貨幣：商人的経済再考」『成城大學經濟研究所年報』第28号，pp. 163-236

明石茂生（2017），「古代東地中海地域における国家，貨幣，銀行：アテナイ，エジプト，ローマを中心に」『成城大學經濟研究』第217号，pp. 1-76

明石茂生（2021），「前近代中国における国家，市場，貨幣：宋元明代」『成城大學經濟研究所年報』第34号，pp. 31-93

赤間弘（2009），「英国における預金保険と銀行破綻処理制度の改革」『預金保険研究』第10号，pp. 62-83

朝日新聞（1996年1月～1997年12月）

伊藤陽一・小川浩一・榊博文（1974），「デマの研究―愛知県豊川信用金庫取り付け騒ぎの現地調査」『総合ジャーナリズム研究』11(3)，pp. 70-80

井上哲也（2020），『デジタル円―日銀が暗号通貨を発行する日』日経BP

今久保圭・副島豊（2008），「コール市場の資金取引ネットワーク」日本銀行ワーキングペーパーシリーズ No. 08-J-16

岩村充（2016），『中央銀行が終わる日―ビットコインと通貨の未来』新潮社

植村峻（2020），『偽札の世界史』角川ソフィア文庫

NHKダークサイドミステリー（2020），「闇の世界戦略“ヒトラーのニセ札”事件～あなたの知らない紙幣の秘密～」

翁百合（2010），『金融危機とプルーデンス政策―金融システム・企業の再生に向けて』日本経済新聞社

神吉正三（2011），『融資判断における銀行取締役の責任』中央経済社

金融庁（1999～2017），「破綻金融機関の処理のために講じた措置の内容等に関する報告（FRC報告）」金融庁

金融庁（2016），「金融システムの安定に資する総損失吸収力（TLAC）に係る枠組み整備の方針について」金融庁

佐伯仁志（2011），「経済犯罪に対する制裁について」『法曹時報』53(11)，pp. 3083-3114

佐賀銀行（2004），「佐賀銀行における風評被害の実際」『金融財政事情』2004年5月31日号，金融財政事情研究会

佐藤隆文（2003），『信用秩序政策の再編―枠組み移行期としての 1990 年代』日本図書センター

鎮目雅人（2018），「特別編　リスクバンク創立三五〇周年と中央銀行の歴史―中央銀行の起源―」『にちぎん』No. 56／2018 年冬号，pp. 22-25

白川方明（2008），『現代の金融政策―理論と実際』日本経済新聞社

スミス，A.（1776），『国富論　国の豊かさの本質と原因についての研究』山岡洋一訳，日本経済新聞社，2007 年

高橋亀吉・森垣淑（1993），『昭和金融恐慌史』講談社学術文庫

高橋正彦（2012）「預金保険制度の歴史と基本的課題」『預金保険研究』第 14 号，pp. 1-34

田中健太郎（2015），「アメリカ合衆国及びイタリア共和国におけるマネーロンダリング法制及びその実務―違法マネーの入口（金融機関の顧客管理）から出口（犯罪収益の没収）まで―」『預金保険研究』第 17 号，pp. 1-139

田邉昌徳（2009），「金融システムの構造と頑健性」『武蔵野大学政治経済研究所年報』第 1 号，pp. 391-424

内閣府政策統括官室（2009），『世界経済の潮流 2009 年』内閣府

中島清貴・相馬利行（2010），「公的資金注入の都銀に対する介入効果：どのように機能し，どのように機能しなかったのか？」第 12 回マクロコンファレンス，一橋大学経済研究所

中島真志（2020），『アフター・ビットコイン 2　仮想通貨 vs. 中央銀行―「デジタル通貨」の次なる覇者』新潮社

西畑一哉（2012），「平成金融危機における責任追及の心理と真理― Public Anger（世論の怒り）の発生とその対処」『信州大学経済学論集』第 63 号，pp. 41-122

西村吉正（2003），『日本の金融制度改革』東洋経済新報社

日本銀行「金融システムレポート」・「金融市場レポート」・「決済システムレポート」各号

日本銀行（1986a），『日本銀行百年史』第 3 巻，日本銀行

日本銀行（1986b），『日本銀行百年史』資料編，日本銀行

日本銀行調査局編（1969），『日本金融史資料　昭和編』第 24, 25, 26 巻，大蔵省印刷局

日本銀行（2020），「中央銀行デジタル通貨に関する法律問題研究会」報告書

日本銀行（2021a），「中央銀行デジタル通貨に関する日本銀行の取り組み」決済機構局

日本銀行（2021b），「中央銀行デジタル通貨（CBDC）に関する連絡協議会」内田理事挨拶

日本経済新聞（1996 年 1 月～ 1997 年 12 月）
橋本寿哉（2009），『中世イタリア複式簿記生成史』白桃書房
橋本寿哉（2013），「メディチ銀行本部の秘密帳簿と会計実務」『環境創造』18, pp. 1-32，大東文化大学環境創造学会
原和明（2009），「米国における銀行破綻処理」『預金保険研究』第 10 号，pp. 84-129
春井久志（2013），「セントラルバンキングの歴史的展開―イングランド銀行はいつ中央銀行に変貌したのか―：再考」『証券経済研究』第 82 号，pp. 41-67
伴繁雄（2010），『陸軍登戸研究所の真実』芙蓉書店出版
廣瀬権（2008），「豊川信用金庫小坂井支店取り付け騒ぎの捜査」『捜査研究』2008 年 3 月号
深井英五（1941），『回顧七十年』岩波書店
平成金融危機への対応研究会編（2005），「平成金融危機への対応」『預金保険研究』第 5 号（松田昇（座長），大野重國，岸毅，河野邦明，鈴木英明，谷川浩道，玉木伸介，西垣裕，西畑一哉，原和明，星野博昭，丸山秀文，村田樹一）
ポランニー，K.（1975），『経済の文明史』玉野井芳郎・平野健一郎訳，日本経済新聞社，1983 年
ポランニー，K.（1998），『人間の経済―市場社会の虚構性―』玉野井芳郎・栗本慎一郎訳，岩波現代選書，1980 年
松井和夫（1986），『現代アメリカ金融資本研究序説―現代資本主義における所有と支配』文眞堂
マルクス，K.（1890），『資本論　経済学批判』第 1 巻 1，中山元訳，日経 BP，2011 年
三重野隆（2005），「預金保険制度における主要な枠組みの変遷について」『預金保険研究』第 3 号，pp. 66-75
宮内惇至（2015），『金融危機とバーゼル規制の経済学―リスク管理から見る金融システム』勁草書房
村岡伸久（2010），『偽札百科』図書刊行会
メンガー，K.（1871），『国民経済学原理』安井琢磨・八木紀一郎訳，日本経済評論社，1999 年
柳川範之・山岡浩巳（2017），「ブロックチェーン・分散型台帳技術の法と経済学」日本銀行ワーキングペーパーシリーズ No. 17-J-1
柳川範之・山岡浩巳（2019），「情報技術革新・データ革命と中央銀行デジタル通貨」日本銀行ワーキングペーパーシリーズ No. 19-J-1
山岡浩巳（2020），『金融の未来―ポスト・フィンテックと「金融 5.0」』KINZAI バリュー叢書

山崎廣明（2000），『昭和金融恐慌』東洋経済新報社

山田勝好（2000），『貨幣中国古代史』朝日新聞出版

預金保険機構 HP

預金保険機構（1982），『預金保険機構 10 年史』預金保険機構

預金保険機構編（2007），『平成金融危機への対応―預金保険はいかに機能したか』金融財政事情研究会

渡辺孝（2001），『不良債権はなぜ消えない』日経 BP

Bernanke, Ben S, (2013), *The Federal Reserve and the Financial Crisis*, Princeton University Press

Borio, C. (2003), "Towards a Macroprudential Framework For Financial Supervision and Regulation?" BIS Working Paper No. 128

Diamond, D., and R. Rajan (2001), "Liquidity Risk, Liquidity Creation, and Financial Fragility: A Theory of Banking," *Journal of Political Economy*, Vol. 109, No. 2, pp. 287-327

FDIC (1997), *History of the Eighties: Lesson for the Future FDICI*, https://archive.fdic.gov/view/fdic/724

FDIC (1998), *Managing the Crisis: The FDIC and RTC Experience*

Greenspan, A. (2010), "The Crisis," *Brookings Papers on Economic Activity*, Spring

Kindleberger, C. P., and Robert Z. Aliber (2011), *Manias, Panics, and Crashes: A History of Financial Crises*, 6th edition, Palgrave Macmillan（高遠裕子訳『熱狂，恐慌，崩壊――金融恐慌の歴史』日本経済新聞社，2014 年）

索　引

著者略歴

1956 年生まれ.

1979 年大阪大学法学部法学科卒業（同年日本銀行入行）.

信用機構局（現決済機構局），考査局（現金融機構局），総務人事局課長，預金保険機構預金保険部次長，預金保険機構大阪業務部長（日本銀行参事），預金保険機構参与（金融再生部，調査部担当），

2015 年学校法人二松学舎常任理事.

専攻分野：金融論，プルーデンス論.

主著 「諸外国における休眠預金の一元的管理について」（共著，『預金保険研究』7 号，2006 年）；『平成金融危機への対応』（共著，金融財政事情研究会，2007 年）；「平成金融危機における責任追及の心理と真理」（『信州大学経済学論』2012 年），ほか.

「取り付け」の研究

平成金融危機から中央銀行デジタル通貨時代まで

2022 年 5 月 10 日　第 1 版第 1 刷発行

著　者　西《にし》　畑《はた》　一《かず》　哉《や》

発行者　井　村　寿　人

発行所　株式会社　勁《けい》　草《そう》　書　房

112-0005 東京都文京区水道2-1-1　振替　00150-2-175253

（編集）電話 03-3815-5277／FAX 03-3814-6968

（営業）電話 03-3814-6861／FAX 03-3814-6854

本文組版 プログレス・精興社・牧製本

ISBN978-4-326-50493-0　Printed in Japan